JN232351

すっご〜く簡単！0（ゼロ）からの心理統計♥

野林靖夫監修
進研アカデミーグラデュエート大学部編
オクムラ書店

はじめに

　この本を手にした貴方は、どのような目的で「統計」の学習を始めようとしているのでしょうか。授業のため？　大学院受験のため？　それとも論文データ作成のためでしょうか。文科系科目に慣れ親しんできた人は、「統計」と聞いただけで大変近寄りがたいものといったイメージを描くようです。

　しかし、好むと好まざるとに関わらず、職場における販売調査をはじめ心理学、社会学、教育学、経営学などの授業において、また修士論文や卒業論文、大学・大学院の授業にいたるまで、ありとあらゆる場面で統計分析が必要とされています。

　そして、これだけ多くの方が、統計の知識を必要としているのにも関わらず、出版されている「入門統計」と称されている本の中には、入門書とはいえ、0から始める者には内容的に全く理解できないレベルのものも多いのではないでしょうか。

　このような状況を踏まえて、本書では、「統計」の知識が全くない人でも理解しやすいように構成しました。必要とされる数学的な知識についても、基礎から分かりやすく解説を加えています。その上で、第5章以降では、実際の統計分析ができるように、実践問題とその解き方を紹介しています。ただし、本書の使命は「統計」の基本知識を0からインプットし、大学院での研究に用いるレベルまでを修得することですので、因子分析以降のものに関しては他の書物に譲りたいと考えます。

　本書は、臨床心理学・心理学を専門とする方を想定して作成していますが、教育学、社会学、経営学など他の学問分野へも十分対処できるように解説を加えています。

　本書を読まれた皆様が「統計」の基本知識を身に付けられ、なお一層、学習・研究において飛躍されることを心よりお祈り致します。

　最後になりましたが、本書出版にあたり、資料等を提供して下さった大学関係者の皆様、日本規格協会の皆様に、心より御礼申し上げます。

進研アカデミーグラデュエート大学部

野　林　靖　夫

目 次

はじめに ……………………………………………………………………… 1

0章　ゼロからだって大丈夫　　　　　　　　　　　　　　5

1章　とっても身近な統計解析　　　　　　　　　　　　　21

　Ques.1　統計って何？ ……………………………………………………24
　Ques.2　データの種類には何があるの？ ………………………………27
　Ques.3　データ尺度の種類には何があるの？ …………………………30
　Ques.4　図表やグラフにはどんなものがあるの？ ……………………34
　Ques.5　Σ（シグマ）って何？ …………………………………………38
　Ques.6　√（ルート）って何？ …………………………………………43
　Ques.7　信頼性と妥当性とは？ …………………………………………46

2章　ゼロからの統計解析　　　　　　　　　　　　　　49

　Ques.1　代表値って何？ …………………………………………………52
　Ques.2　散布度って何？　偏差・分散って何？ ………………………56
　Ques.3　歪度・尖度って何？ ……………………………………………60
　Ques.4　正規分布って何？ ………………………………………………63
　Ques.5　正規分布から標準正規分布への活用とは？ …………………66

3章　確率・理論分布　　　　　　　　　　　　　　　　71

　Ques.1　指数って何？ ……………………………………………………74

Ques.2	対数って何？	77
Ques.3	Cって何？ Pって何？	80
Ques.4	確率って何？	83
Ques.5	2項分布って何？	88
Ques.6	ポアソン分布って何？	91

4章　推測統計　　95

Ques.1	推測統計と記述統計の違いは？	98
Ques.2	サンプリングって何？	101
Ques.3	標本分布って何？	104
Ques.4	自由度って何？	107
Ques.5	帰無仮説とは？　対立仮説とは？	110
Ques.6	有意差、有意水準、棄却域って何？	114

5章　種々の検定　　117

Ques.1	差の検定って何？	123
Ques.2	クロス表って何？	127
Ques.3	x^2検定って何？	132
Ques.4	x^2検定の種類と方法	136
Ques.5	メディアン検定って何？	142
Ques.6	F検定って何？	145
Ques.7	t検定って何？	149
Ques.8	t検定の種類と解法	153
Ques.9	U検定って何？	160
Ques.10	分散分析って何？	164
Ques.11	分散分析のためのデータ処理方法	167
Ques.12	分散分析を行う手順	173
Ques.13	1要因分散分析と2要因分散分析の違い	177

6章　相関関係と回帰　　　　　　　　　　　187

- Ques.1　相関関係と検定の違いって何？ ……………………190
- Ques.2　散布図って何？ ……………………………………193
- Ques.3　ϕ 係数、スピアマンの順位相関係数、
  ピアソンの積率相関係数とは？ ………………………196
- Ques.4　回帰って何？ ………………………………………205
- Ques.5　因子分析って何？ …………………………………209

資料集　　　　　　　　　　　　　　　　　213

- 資料1　正規分布の片側確率 ………………………………214
- 資料2　t の臨界値 …………………………………………216
- 資料3　U の臨界値 …………………………………………218
- 資料4　F の臨界値 …………………………………………221
- 資料5　x^2 の臨界値（片側） ………………………………224
- 資料6　ポアソン分布の上側確率 …………………………226

0章　ゼロからだって大丈夫

　ほとんどの統計・心理統計に関する書籍は、中学・高校レベルの数学を理解していることが前提条件のように見受けられます。しかしどれだけの人がそれらを使いこなせるのだろうか、そのように感じることもよくあります。実際、私どもで指導させていただく学生の方々からもよく、
「こんなの習ったっけ？」
「聞き覚えはあるんだけど、何のことやらさっぱり」
「数学の参考書を引っ張り出してきた」
といった声が上がります。

　もちろん、そんな事はないとおっしゃる方もいるでしょう。しかしあえて本書では、前提の部分から始めようと思います。ですから、すでに高校レベルの数学を苦にしない方は、本章は読み飛ばして、第１章へとお進みください。本章はあくまでも、『ゼロから』始める方のためのものですから。

　具体的には、本文の章立てに沿ってカギとなる単語や記号などを説明していきます。基本的には、この章をお読みいただければ、本書の全体の流れが分かる構成となっています。より理解しやすくするために実例もあげておきます。ただ、中には学術的には「？」なものもあります。しかし専門用語や数式に拒否反応を起こす方々のために、厳密には正しくなくても大きな枠組みが分かるような例をここでは使ってあります。

　とにかく「ゼロからはじめる」わけですから、わかりやすさを最優先に、正確な知識や実践は次の１章からとお考え下さい。

統計って何？

　私たちの生活になくてはならないもの、といっても差し支えありません。
　天気予報や政府の各種調査といった公共的なものから、テレビの視聴率、コンビニの売れ筋、先物取引や株式市況、競馬の予想などなど、例をあげればきりがありません。いまや全ての経済活動が、何らかの形で統計を使っているのです。これだけ重要な「統計」を「分からん」「とっつきにくい」で済ますのは、あまりにもったいないですよね。じゃあ「心理統計」って何？
　単純に言えば、人の心や気持ちを数値で表そうという学問です。
　例えばAさんは人参が嫌い、でもピーマンはもっと嫌い。これを「Aさんは人参が3 Kirai、ピーマンは7 Kirai」と表すわけです。こうすればどのぐらい嫌いなのかが一目瞭然。自分と比較して、「こいつ、そこまで嫌いなのか、じゃあ残してもいいよ。」といった会話も成り立つでしょう。

データの型には何があるの？

　データ。最近は何もかも、猫も杓子もとにかくデータといった感がありますよね。ところで統計の場合のデータは基本的に2種類です。量的データと質的データです。日常では牛丼の大盛りと並。これは一般的には量の違いで、天丼の特上＞上＞並＞は質の違いのように思いますよね。しかし、統計で注意すべきは、これらは我々が日常で使う「量と質」の違いではないということです。つまり統計ではどちらも質的データなのです。じゃあ量的データって何？　量が違っても質的データってどういうこと？
　ごく単純化して説明しましょう。グラフにした場合、縦軸が量的データ、横軸が質的データです。先ほどの牛丼で言えば、大盛りと並が質的データで、値段が量的データなのです。天丼の場合も同じように、特上・上・並の項目が質的データで、それぞれの値段や売れた個数が量的データです。量的データの場合には、項目ではなくて何らかの連続した数値が必要なのです。時間帯ごとや年齢層別の売上の違いなどの、つながった数値による変化を表したものは量的データといえます。

データの尺度には何があるの？

　基本的に統計は数値を扱う学問です。であるからには、当然数値を計るモノサシが必要です。これを「尺度」と呼びます。といっても、単純なメモリがついたものから、複雑なものや、一見モノサシには見えないようなものまであると考えてください。基本的には以下の4種類があります。

　①名義尺度：これはどちらかというと「分類」ともいえます。例えばおコメの種類や産地、人の血液型や星座などはこれです。
　②順序尺度：これは「ランキング」ともいえるかもしれませんね。学校の通信簿やレストランの格付けなどです。
　③間隔尺度：ここからモノサシらしくなります。等間隔でメモリ付けができるけれどその比率には意味がないものです。少し分かりにくいでしょうか？　例えば知能指数や気温がこの尺度なのですが、これらの場合上下はすぐに分かります。しかし数値が倍だからといってそれがどうなのか。IQ200の人は100の人より2倍利口だ、とはいえませんよね。気温40度の日は20度の日の2倍暑いわけでもありませんよね。
　④比率尺度：これぞモノサシです。長さや重さなどきちんと等間隔で差があり、なおかつその比率も意味があるものです。

表を使う意味は？　どんな種類があるの？

　一目で分かるからです、だけではちょっとそっけなさすぎでしょうか。
　しかし視覚に訴えた方が分かりやすいというのは例をあげるまでもないと思います。そこで統計ではどのような表やグラフがあるのかを見てみましょう。
　①質的データを表すグループ（棒グラフ、円グラフ、絵グラフなど）
　こちらは基本的にメモリはひとつだけです。そのメモリがそれぞれの項目や対象ごとにどのぐらいあるかを示すものです。例えばオクムラ小学校5年1組の身長測定の結果を見てください（図1～2）。項目と項目の間につながりはありませんよね。

②量的データを表すグループ（ヒストグラム、度数ポリゴンなど）

聞きなれない名前の表が出てきました。けれども1度は目にしたことがあるはずです。いえ作成したこともあるはずです。先ほどの身長測定の結果を今度はこう表してみました（図3～4）。

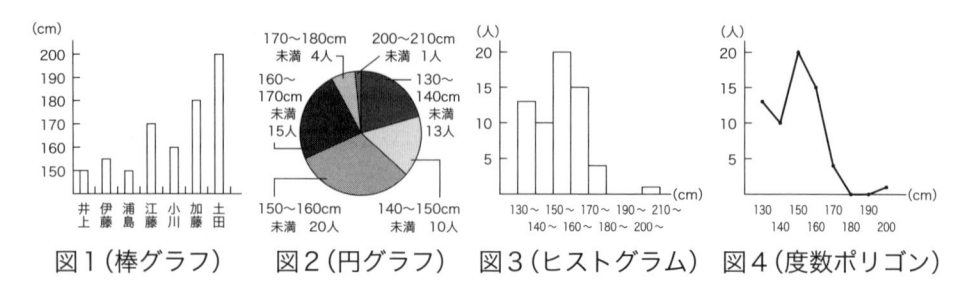

図1（棒グラフ）　図2（円グラフ）　図3（ヒストグラム）　図4（度数ポリゴン）

信頼性と妥当性とは？

　何となく分かりそうな気がしませんか。あるデータが信頼できるかどうか、妥当かどうか。そう、まさにそのことです。

　まず、信頼性について考えてみましょう。例えば体重を量るとき、食前や食後、あるいはその日の体調などによって微妙に違いますよね。体温だって朝と夜では異なりますし、風邪などひいていれば随分変わってきます。このように、測定した結果が別の要素によって変化する可能性が高いほど信頼性は低くなります。つまり信頼性とは「安定した結果が出ること」なのです。いつ、どこで、誰が、どのように測定しても変わりがない結果ほど、信頼性が高いデータといえるのです。

　では妥当性はどうでしょう。これは測定した結果が的確に目的を表しているか、ということです。身長や体重、体温ならばまず簡単です。そのものずばり長さや重さを測っているのですから、的確に目的を表しているといえます。測定方法も専用のモノサシがあるので妥当性についてはまず問題はありません。しかし心理統計ではこれが難しいのです。心の動きや感情を計るモノサシがないからです。例えば悲しいときに流す涙、この量を測ることで悲しみの度合いを表すことはできませんよね。悲しみのあまり涙も出ないことだってありますから。つまり妥当性では「矛盾しない」ことが重要になりま

す。どれだけ正しい方法で、正しい対象を、正しく測定し、正しい結果を得られるか。これが妥当性の概念なのです。

Σ（シグマ）って何？

ついに出てきました、記号が。でも大丈夫です。「Σは全部を足す」と覚えてください。これだけで大丈夫です。よく「$\sum_{k=1}^{n} X_k$とは変数Xの$k=1$番目からn番目までの総和」といった説明を見かけますが、よく分かりませんよね。そこである本の売り上げデータ（図5）を使用して考えてみましょう。

	期	1	2	3	4	合計
書名		1～3月期	4～6月期	7～9月期	10～12月期	
X	テキスト	100	50	80	80	①
Y	問題集	150	10	20	30	②
Z	辞典	200	10	100	100	③
N	合計	450	70	200	210	④

図5

さて、これはある本の昨年度売上データです。合計欄の①～④をΣを使って表すと

① $\sum_{k=1}^{4} X_k = 100 + 50 + 80 + 80 = 310$

② $\sum_{k=1}^{4} Y_k = 150 + 10 + 20 + 30 = 210$

③ $\sum_{k=1}^{4} Z_k = 200 + 10 + 100 + 100 = 410$

④ $\sum_{k=1}^{4} N_k = 450 + 70 + 200 + 210 = 930$

もうお分かりですね。つまりΣとは範囲の定まったものを足したものなのです。先ほどの説明を用いて①を言い換えると「$\sum_{k=1}^{4} X_k =$」とはテキスト（変数）の1～3月期（1番目）から10～12月期（4番目）の合計売上（総和）」となります。これなら簡単ですよね。あとは、いくつか練習問題でもこなせば完璧でしょう。実際の計算はパソコンや電卓にでも任せれば良いのですから、意味と表記の仕方さえ分かってしまえば、何もややこしいことはありません。

代表値って何？　どんな種類があるの

そのデータの特長をよく表した値のことです。平たく言えば、この数字を見れば全体がよく分かりますよ、ということです。その種類としては①平均値、②中央値、③最頻値があります。

①平均値（ミーン）

これはお分かりですよね。平均身長とか平均点とか、あれです。全体のデータ数値の合計をデータ数で割り算して出てくるものです。

②中央値（メディアン）

データを並べたときに真ん中にくる値のことです。例えば「1、10、100、1000、10000」なら100が中央値になります。あれ？　じゃあ「1、10、100、1000、10000、100000」ならどうするの？　そういう時は真ん中の2つを足して2で割り算、(100＋1000)÷2＝550が中央値になります。

③最頻値（モード）

最も登場回数の多い値のことです。ただし、登場した回数ではありませんのでご注意下さい。例えば図2で言えば150～160cmが20人で1番人数が多いですよね。この場合の最頻値は150～160cm（多い値）です。

※外れ値

ちょっと変な名前ですね。でもその名の通り、全体の中で並外れて大きい（または小さい）値をこう呼びます。また図2ですが、何と200cm以上の子が1人います。仮に土田くんとしましょう。この土田くんがいるおかげで5年1組の平均身長はよそのクラスより大分上がるはずです。こうなると少し不公平な気がしませんか。これではせっかくの平均値を出しても意味がありません。

そこでこのような極端な数値＝外れ値がある場合には中央値を使って平均的な数字を示します。

散布度とは？　偏差・分散って何？

どのぐらいデータの値が散らばっているか、それが散布度です。例えば表にした場合、図8と9のように中央に固まらないものは散布度が高いデータで、逆に図6と7のように密集するものは散布度が低いデータだといえま

す。先ほどの代表値を思い出してください。散布度が低いほど平均値や中央値がより全体を表す事になりますよね。散らばっているほど全体像は見にくくなるわけです。これを示すのが散布度です。

　散布度で表されたデータを処理して数値化したものが偏差や分散です。先ほど出てきた平均値からどのくらい離れているか、ばらつきがあるかを見るときには、これらが必要になります。これらもΣや√を使った数式で求めることができます。もちろん意味と使い方さえ覚えてしまえば難しいことはありません。

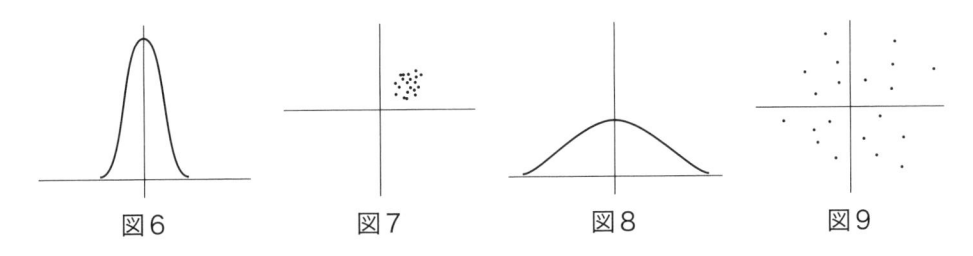

図6　　　図7　　　図8　　　図9

歪度・尖度って何？

　全てのグラフが図10のようなきれいな左右対称になるわけではありませんよね。図11や図12のような場合もあります。この歪み具合を示すのが歪度です。中心から左ならばマイナスで、右よりはプラスの数字で表します。またグラフには図13のように、尖ったものや、図14のようになだらかな曲線を描くものがあります。こちらの方は尖度で示されます。どちらもデータの理想形＝正規分布との隔たりを示すものです。

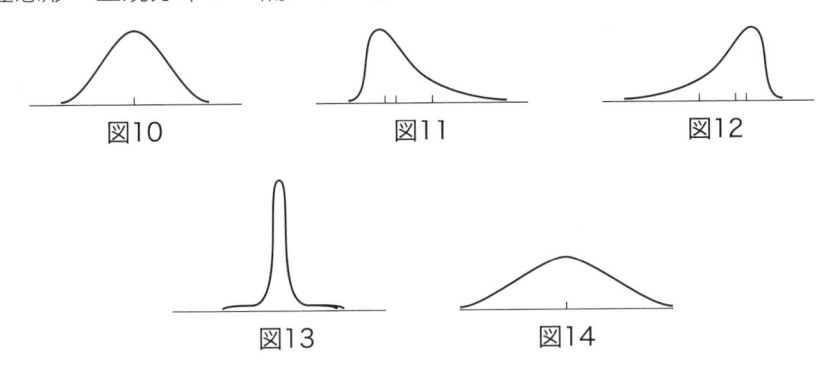

図10　　　図11　　　図12

図13　　　図14

— 11 —

正規分布って何？

　データの理想形というと少し語弊があるかもしれませんね。これはガウスという学者の発見です。簡単に言えば、作為がないデータをとってグラフにすれば基本的に図15の形になるという程度にお考えください。逆にこの形から遠ざかるほど偏りのあるデータである可能性が高くなります。また測定結果の傾向も個々の形状から推測することが可能です。例えば同じ科目の中間テストの結果が図16、期末テストの結果が図17だとします。最頻値にて両者を比較すると、中間テストは易しく、期末テストは難しかったという推測が成り立ちます。さらに同じ80点でも意味が違ってくるのがお分かりになるでしょう。当然期末テストでの方が大変なことが一目瞭然です。このようにデータを判断する際の基準が正規分布なのです。

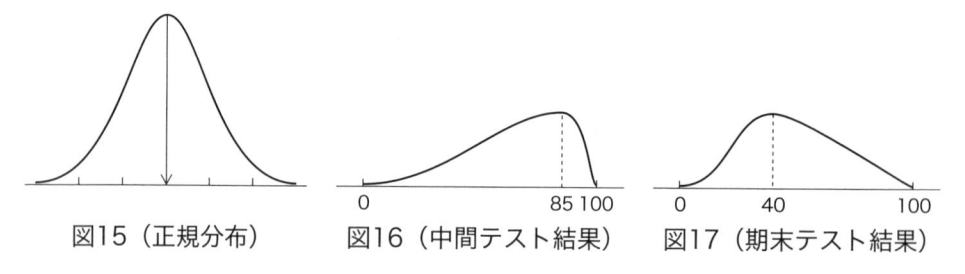

図15（正規分布）　　図16（中間テスト結果）　　図17（期末テスト結果）

正規分布から標準正規分布への活用とは？

　先ほど、同じ80点でも意味が違うと申し上げました。簡単なテストより難しいテストでの80点の方がより大変ですからね。では具体的にはどのくらい違うのか、それを見るために必要なのが標準化という作業です。異なるデータを比較するには何らかの基準が必要なので、それを決める作業です。テストでいえば、いわゆる平均点からどのくらい離れているかではなく、全体の中で比較してみるやり方です。少し分かりにくいかも知れませんね。では次のような場合はどうでしょう。

　身長2mの5年生、土田くんの算数と国語のテスト結果はどちらも80点でした。どちらも学年平均は50点、さてどちらがよくできたといえるでしょうか。図18と図19をご覧下さい。図19の方が図18より尖っているので、尖度が大きいことが分かりますよね。尖度が大きいということは、高得点を取っ

た人が少ないということです。つまり、国語の方がよくできたというのが分かっていただけると思います。

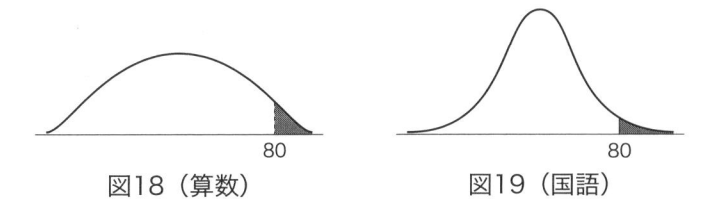

図18（算数）　　　図19（国語）

√（ルート）って何？

ヒトヨヒトヨニヒトミゴロ、フジサンロクニオウムナク。覚えていらっしゃいますか？　そうです。中学で暗記させられましたよね。2乗すると屋根（√）の中の数になる、これがルートの意味です。統計では頻繁に使われる記号なので是非馴染んでください。これもやはり意味と使い方、これだけ覚えてしまえばΣと同様です。図20のような正規分布の場合、図を見れば分かりますが、偏差の−領域と＋領域を足すと0となります。これでは仕方ないのでまず2乗してどちらもプラスに直します。これなら足し算をして2で割る事ができます。なお、これを標準偏差、2乗のままのものを分散と呼んでいます。

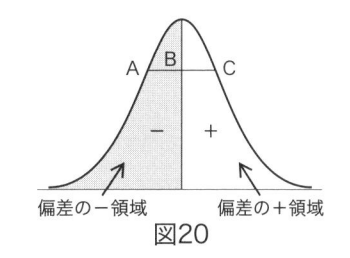

図20

指数、対数、*log* って何？

いやいや、ついに来るべき時が来ました。ここでは数学的な知識を学ぶことになります。統計は数字を扱うものですから、やはり避けて通ることはできませんね。ただ基本的には知りたい数字、求めるべき値を出すためなので、公式にそって当てはめられるようになれば、もう十分です。とりあえず肩の力を抜いて、気楽にお付き合いください。

まず必要そうな単語を並べてみましたが、いかがですか？　見覚え、聞き覚えはあるかと思います。では個別に見ていきましょう。

①指数
　ニニンガシ、サザンガキュウ。これを指数で書けば2^2、3^2となります。そう、これが指数です。何も難しいことはありませんよね。では問題です。
　★ねずみが2匹、つがいになって子どもを生みます。今日は2匹、明日は4匹と1日ごとに生む数が倍になります。さて、初日を含めて10日目に生まれるねずみの数は何匹でしょう？→答えは2の10乗で1024匹となります。
　このように同じ数を何回も掛け算する際に、その回数を指数と呼びます。この場合なら10が指数に当たります。

②対数
　指数とは逆の考え方をして下さい。先ほどはある数を何乗すればいくつになる？でしたよね。今度は逆にある数にするには何を何乗すればよいのかを考えます。ではやはり問題です。
　★身長2mの小学生、土田くんはリトルリーグのピッチャーです。県大会には128チームが参加します。トーナメント戦で優勝するには何回勝たなくてはならないでしょうか。→正解は7回。
　これをlogを使って表すと→$7 = log_2 128$となります。つまり下記のように表す事ができます。
　　$A^B = C$　　$B = log_A C$
　これを文章にすれば「AのB乗はC、BはAを底とするCの対数である」となります。

Cって何？　Pって何？

　Cが組み合わせ、Pが順列です。どう違うのでしょうか？
　例えば、「1・2・3・4・5」の中から好きな数字を2つ選ぶことにしましょう。何通りのパターンが考えられますか？　これが組み合わせで、a個の中からb個を取り出す時に使われる考え方です。表記する時には${}_aC_b = X$（組み合わせの個数）となります。順列では更に順番も考慮しなくてはなりません。先ほどの「1・2・3・4・5」で言えば、組み合わせの時には「1」と「2」を選べば、「1・2」も「2・1」も同じですが、これらの数を使って2ケタの数を作る順列の場合には違うものとして扱います。こちらは${}_aP_b = Y$（順列の

個数）と表記されます。さて、実際に数値を求める時にはもうひとつ記号が出てきます。！です。もちろんビックリではありません。階乗です。読んで字のごとくに階段状に掛け算を連ねることです。例えば3！なら3×2×1、5！なら5×4×3×2×1となります。つまりある数から順番に1までを掛け算していくことを階乗というのです。では実際に計算してみましょう。

まず、それぞれの公式をご覧下さい。

〇組み合わせの求め方

$$_aC_b = \frac{_aP_b}{b!} = \frac{a \times (a-1) \times \cdots \cdots (a-b+1)}{b \times (b-1) \times \cdots \times 1} = \frac{a(a-1)\cdots(a-b+1)}{b(b-1)\cdots 1}$$

〇順列の求め方

$$_aP_b = a(a-1)(a-2)\cdots(a-b+1)$$

どうもアルファベットだと分かりにくいですよね。実際に「1・2・3・4・5」で上記の問題をやって見ましょう。この場合は5個（a）から2個（b）を取り出すので、

組み合わせは

$$_5C_2 = \frac{_5P_2}{2!} = \frac{5 \times 4}{2 \times 1} = 10$$

順列は

$$_5P_2 = 5 \times 4 = 20$$

となります。これもまた公式を覚えてあてはめる、このパターンで問題ありません。

確率って何？

　確率ですか……今更とお思いの方もいらっしゃるでしょうね。とりあえず本文突入前のおさらいだとお考え下さい。

　確率には2種類あります。数学的確率と統計的確率です。ではその違いは？　ごく簡単に言えば、前者は数学的な考えに基づく理論的なもの、後者は実験や観察に基づく経験的なものです。

例えばサイコロで考えてみましょう。サイコロには6面があります。
ですから6通りの目がありますよね。転がせばこのうちの1つが出ます。ですからそれぞれの目が出る確率は$\frac{1}{6}$になります。
この場合実際にサイコロを転がさなくとも確率は求められます。このようにして導き出されるものを数学的確率と呼びます。では実際にサイコロを振って実験してみました。まずは60回やってみました。すると下記のような結果でした。

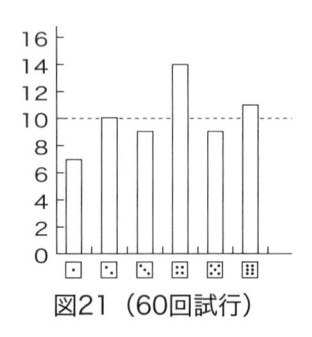

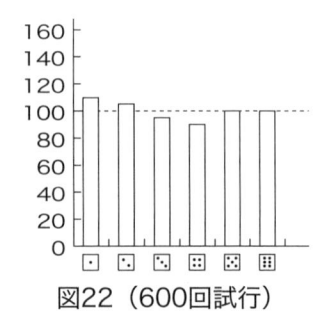

図21（60回試行）

あれ？ ⊡が出る確率が$\frac{1}{6}$（0.1666…）じゃないですね。じゃあ今度は回数を増やしてみましょう。

図22（600回試行）

おっ。今度は逆に$\frac{1}{6}$を超えてしまいましたが差は少なくなりましたね。ではもっと回数を増やしたらどうなるでしょう。

図23（6000回試行）

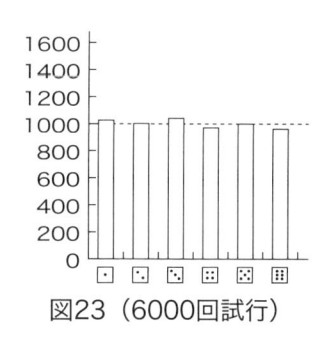

　これならほぼ同じですね。このようにして実験や観察を繰り返して求められる確率を統計的確率と呼びます。そして、もうお気付きかとは思いますが、実験する回数が多いほど、統計的確率は数学的確率の数値に近付いていきます。これを大数の法則と呼びます。さて、1つだけご注意頂きたいことがあります。数学的確率を求める際にはある前提が必要です。それは「事象の各パターンの発生程度がほぼ同程度に確実であり、発生するパターンは幾つも同時には起きない」ことです。サイコロで言えば、それぞれの目が出る可能性はほぼ同じで、2つの目が同時に出ることはありませんよね。ですから数学的確率を求める事が可能なのです。ここでまた、土田くんに登場してもらいましょう。
　「彼は神奈川県に住んでいます。将来神奈川県知事になるか／ならないか、その確率は $\frac{1}{2}$ である」
　これは果たして合っているのでしょうか。これが数学的確率と呼べるでしょうか？　統計的ではないですけれども呼べますね。

確率分布、2項分布、期待値って何？

　平たく、平たく行きましょう。確率分布とは、何かが起きる確率をまとめて表したものです。ヒストグラム、一覧表など何でも構いません。先ほどサイコロを転がしてみて、⚀の出る回数を数えました。今度は奇数の目が出る回数を数えてみましょう。サイコロを600回転がすのを1サイクルとして、複数回繰り返すと誤差が減ります（サイクルが多いほど正規分布に近付きます）。これを繰り返すと図24の正規分布（この場合は確率分布ともいう）が

得られます。

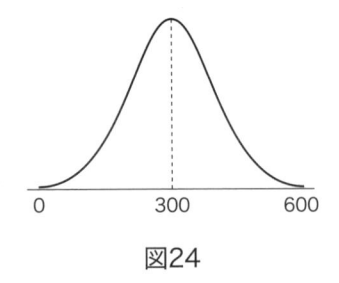

図24

　こうして見てくると、出現度数（回数）が一定ではないことが分かりましたね。つまり、600回サイコロを転がして、まったく奇数が出ない確率は $\frac{1}{2^{600}}$ となり、そのような場合は非常にまれであることが分かります。このようにして確率のバラつきを示したものが確率分布なのです。

　では二項分布とは何でしょうか？　それは結果が2種類しかない場合の分布です。というと○か×、裏と表などを想像しがちですが、それだけではありません。サイコロやトランプもOKです。起きることのパターンは幾つあってもかまいません。確率が $\frac{1}{2}$ でなくてもよいのです。$\frac{1}{6}$（サイコロ）でも $\frac{1}{13}$（トランプ、ばばは除く）であってもAであるか、A以外であるか、という条件が満たされれば良いのです。そして個々の確率を足せば、その和は必ず1＝100％になります。

　サイコロの場合　$1 = 100\% = \frac{1}{6} + \frac{5}{6}$（1が出る確率 $\frac{1}{6}$ とそれ以外が出る確率 $\frac{5}{6}$ の2項分布）

　トランプの場合　$1 = 100\% = \frac{1}{13} + \frac{12}{13}$（Kが出る確率 $\frac{1}{13}$ とそれ以外が出る確率 $\frac{12}{13}$ の2項分布）

　では次に期待値を考えましょう。期待値とは確率を考慮して計算された配当の平均をいいます。例えば、サイコロの出た目の1000倍の賞金がもらえるゲームをします。この場合の期待値は、

期待値 $= 1000 \times \frac{1}{6} + 2000 \times \frac{1}{6} + 3000 \times \frac{1}{6} + 4000 \times \frac{1}{6} + 5000 \times \frac{1}{6} + 6000 \times \frac{1}{6}$

$= 3500$

となります。つまり、期待値3500のこのゲームで獲得できる金額は3500円くらいと期待されます。この場合、参加費が3500円までなら参加した方が得なのです。

推測統計と記述統計の違いって何？

　今まで見てきたことが、すなわち記述統計です。あるデータの特徴や、導き出される結果などを客観的に説明する事です。それに必要なのが様々な図表や数式などだったというわけです。さて、それでは今度は推測統計とは何でしょうか。「一を聞いて十を知る」ことです。そう一部分（標本）から全体像（母集団）を推測するやり方です。特に心理学では人の心を扱いますよね、そうなると全体像＝母集団は人類すべてということです。仮に日本人限定にしても一億二千万です。その全てに対して調査を行なうのは大変ですよね。ましてや正確な調査を、などと言い出したらまず不可能でしょう。そこでこの推測統計が使用されるのです。

サンプリングって何？

　推測統計では一部分から全体像、でしたね。この一部分を選び出す作業をサンプリングと呼びます。標本＝サンプルを選ぶ（抽出する）からサンプリング、実に分かりやすいですよね。この時に気をつけなくてはならないのが、どのようにして標本を選び出すか、ということです。選び出した標本＝サンプルに偏りがあれば、推測される全体像も偏ったものになってしまうからです。例えば「日本人はチョコレートが好きか」を調べる事にしましょう。その時にアンケートを取る対象が女子高生だけ、あるいは40代の会社員だけといった調査では「日本人＝母集団」の好みを推測する事はできませんね。これではどうしても偏りやゆがみが出てしまいます。それゆえ用いられるのが無作為抽出法と呼ばれるものです。この場合で言えばアンケート対象（標本）に日本人全体（母集団）の様々な要素（女子高生や会社員、主婦、幼児、高齢者などなど）が含まれていることが必要です。この時、その母集団を構成する単位それぞれが抜き出されるチャンスを均等に与えられること

を無作為抽出といいます。また、母集団の構成比率に合わせてサンプルを抽出するものもあります。例えば高齢者人口が3割ならば、アンケート対象にも3割の確率で高齢者が含まれるようにします。このような手続きを経て抽出されるものを層別抽出法と呼びます。

最後に

　さて、いかがだったでしょうか？　理解度が大体6割程度であれば大丈夫です。
　安心して次へお進み下さい。
　えっ？　3割くらいしか理解できなかった？　でしたら、分からなかったところをもう一度、本文とつき合わせて読んでみてください。特に数式関連は、最初はとっつきにくくても、実際に練習問題をこなしていけば、あら簡単！　つまずきの原因さえ分かってしまえば意外と楽にこなせるはずです。また逆にその方が身に付くことにもなりますので、投げ出さずに最後までお付き合いいただけるようお願いします。

1章　とっても身近な統計解析

この章でやること

Ques.1　統計って何？ ----------------------------➤

Ques.2　データの種類には何があるの？ --------------➤

Ques.3　データ尺度の種類には何があるの？ ----------➤

Ques.4　図表やグラフにはどんなものがあるの？ ------➤

Ques.5　Σ（シグマ）って何？ ---------------------➤

Ques.6　√（ルート）って何？ ---------------------➤

Ques.7　信頼性と妥当性とは？ --------------------➤

Ans.1
ある対象に対して、観察、検査や調査を行うことによって、検討しようとする事項に関する特性データを収集し、それらの特徴を図表によって表示することをいいます。

Ans.2
データの種類は、量的データと質的データの2つです。量的データは量的特性を、質的データは質的特性を、各々の調査対象について、どの程度持っているのか調べます。また、それぞれ量的変数、質的変数ともいいます。

Ans.3
データの尺度には、名義尺度のデータ、順序尺度のデータ、間隔尺度のデータ、比率尺度のデータの4つがあります。

Ans.4
ヒストグラム、度数ポリゴン、度数分布表、累積度数折れ線、累積度数表があり、これらは量的データをまとめる場合に用います。また、円グラフ、棒グラフ、絵グラフ、度数分布表は質的データをまとめる場合に用います。

Ans.5
Σ（シグマ）とは、総和を表す場合に使用される記号です。

Ans.6
√（ルート）とは、ある数を2乗（2回掛ける）してaになる場合、そのある数をaの平方根といい、その中で正の数のものを表します。

Ans.7
信頼性は、同一の調査対象への測定結果が、どの程度偶然性に左右されず安定しているかをいいます。妥当性は、測定結果が、問題とされている特性を、どの程度、的確に捉えているかをいいます。

Q1　統計って何？

統計とは
　ある対象に対して、観察・検査・調査を行い、検討しようとする事項の特性に関するデータを収集し、それらの特徴を図表や数値によって表示すること。

統計をとる手順
　①観察・調査・検査などを行って、対象の問題となっているデータを収集する。
　　　　　↓
　②図表や数値を使用して、①で収集したデータをまとめる（記述統計）。
　　　　　↓
　③得られたデータに統計的検定を行って、データを解釈していく。

　「統計」と聞くと難解なものに感じてしまう人も多いですよね。でも、身近な社会においても、統計は様々なところで活用されているのです。例えば「世論調査」や「受験偏差値」、「視聴率調査」などは、みなさんもお馴染みではないでしょうか。

　それでは、統計とはどのようなものかをお話ししましょう。

　統計とは、ある対象に対して、観察・調査・検査を行うことにより、検討しようとする事項の特性に関するデータを収集し、それらの特徴を図表や数値によって表示することをいいます。そして、これを行う際には、収集、記述統計、統計的検定の3つの手順を踏むことが必要です。

　1つ目の収集とは、観察・調査・検査などを行って、対象の問題となっているデータを収集することをいいます。2つ目の記述統計とは、図表や数値を使用して、収集したデータをまとめることをいいます。3つ目の統計的検定とは、統計の解釈に際して、主観を取り除いてデータを把握し、一定の解

釈ルールに従ってデータの意味を読み取ることをいいます。

ところで、「特性」という言葉を先ほど使いましたが、具体的に特性という言葉で表されるものには、人の性格や行動などの特徴、テストの成績、企業の業績、生産年齢人口などがあり、使用目的によって多岐に渡ります。

身近なことから考えてみると…

統計という硬い言葉では、私たち自身の生活と関係がないように思うかもしれません。しかし、実は皆さんの身近なところにも、統計はたくさん用いられているのです。

例えば、政党の支持率を求める世論調査やテレビの視聴率などがそうです。世論調査では、国民すべての意見を聞かなくても、ある一定数への調査から、どのような意見を持つ人が多いのかなどを考えることができます。少数の集団から全体像を知ること、ここに統計の醍醐味があります（ちなみに、このように少数から全体を知ることを推測統計といいます）。

また、競馬などの賭け事や生命保険なども、統計的考えに基づいて行われています。競馬を例にあげると、一般には馬の調子や適性、騎手の能力や馬場の状態などの諸々のデータを加味して予想しますよね。これは統計的考えを基にして、馬の勝つ確率を予想しているんですね。この馬が好きとか、自分の直観も大事ですが、残念ながらその場合は統計的手法であるとはいえません。

問題

以下はある時間のTV視聴率の表です。円グラフを作成してみましょう。

ある時間のテレビ視聴率

番組	NHK	日本テレビ	TBS	フジテレビ	テレビ朝日	テレビ東京	視聴せず
視聴者数(人)	94	292	196	458	128	78	754
視聴者率(%)	4.7	14.6	9.8	22.9	6.4	3.9	37.7

解答

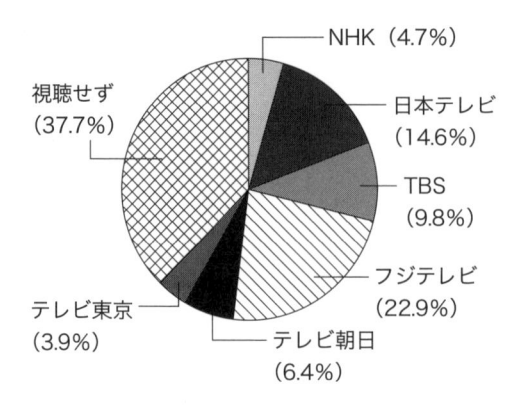

円グラフ:
- NHK（4.7%）
- 日本テレビ（14.6%）
- TBS（9.8%）
- フジテレビ（22.9%）
- テレビ朝日（6.4%）
- テレビ東京（3.9%）
- 視聴せず（37.7%）

心理統計ではこう使う

　心理統計では、人の心理を数値化することができます。具体的に見てみましょう。

　芸能人Aさんが、女優のBさんと結婚しました。ここで、結婚する前と後でAさんの人気がどのように推移したかを調べてみましょう。

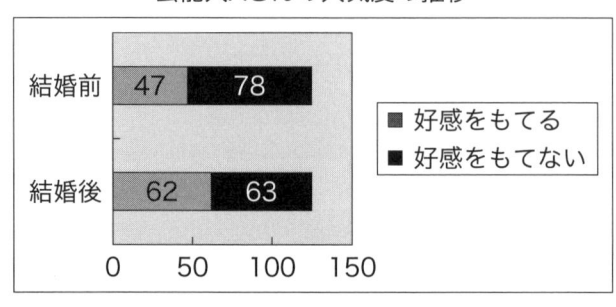

芸能人Aさんの人気度の推移

	好感をもてる	好感をもてない
結婚前	47	78
結婚後	62	63

　データをまとめると、結婚後の方が人気が出ています。評価として、Aさんの結婚は、好感をもって認められたといえそうです。
　しかしながら厳密に言えば、統計では、誤差なども考えた正確な計算をして評価をしなければ、本当に好感をもって認められたとは断言できません。

Q2 データの種類には何があるの？

データの2つの種類
　・量的データ（量的変数）
　・質的データ（質的変数）
量的データとは
　各々の問題としている調査対象について、量的特性をどの程度持っているか表したもの。
　※長さ、人数など
質的データとは
　各々の問題としている調査対象が、質的特性としてどれに分類されるのかを表したもの。
　※出身階層、血液型など
変数と定数
　・変数（データ）＝対象に応じて変化する数値。
　　　独立変数…単独で変化できるもの。実験者が操作しようとする変数。
　　　従属変数…独立変数の変化に応じて変化する数。例えば、x, yのような2種類の変数があって、yがxの変化に応じて変わるときのyのことをいう。実験者がその実験において測定しようとする変数。
　　　説明変数…独立変数のことをいう。特定の変数が、他の変数にどのように依存しているかを問題にする場合。
　・定数＝対象に応じて数値が変化しないもの。

　データの種類には、量的データと質的データの2つがあります。
　量的データは、各々の問題としている調査対象について、量的特性をどの程度持っているか表したものです。人数や長さを調べる場合に用います。

一方、質的データは、各々の問題としている調査対象が、質的特性としてどれに分類されるのかを表したもので、例えば出身階層や血液型など、調査しようとする対象の量的相違を除外して、質的な相違のみを調べるときに用います。

　量的データ・質的データは、それぞれ「量的変数・質的変数」と言い換えることができます。ここでいう変数とは、対象に応じて数値が変化するものです。その対義語となる定数は、対象に応じて数値が変化しないものをいいます。

身近なことから考えてみると…

　よく、レストランや街頭でアンケートを依頼されることがありますよね。アンケートを受けるそのときには、統計に使用されるという実感はあまり湧きませんが、そのようにして得られたアンケート結果は貴重なデータとなっています。

　アンケートは、例えば飲食店では、顧客の声を聴ける唯一の機会であるため、とても貴重なものです。統計をとることによって、店の評判が分かるからです。また、コンビニエンスストアなどでは、購入商品を年齢層や性別に区分けしてデータベースを作成し、商品の陳列に役立てているようです。

問題

1. 量的データ、質的データの例をそれぞれあげて下さい。
2. 次の用語を説明しなさい。
   ①独立変数、②従属変数

解答

1. 量的データの例は、蔵書の数、気温（温度）、湿度、降水量、パソコンデータのファイルの容量など。
   質的データの例は、好きな本、嫌いな本、支持する政党など。
2. ①独立変数とは、名義尺度を基とする2つの変数 x や y などにおいて、その2つの変数の関係が

$y=ax+b$ を満たすときの x を指す。独立変数は測定時の他の変数に影響されない変数で、実験者が操作しようとする変数である。

②従属変数とは、独立変数の変化に応じて変化する数。例えば①における y のことをいう。具体的には、実験者がその実験で測定しようとする変数である。

心理統計ではこう使う

　心理統計では、人の性質や感覚を調査対象としますので、一般的に質的データを取り扱うことが多くなるでしょう。

　例えば人の好感度を調査する場合などがそうです。「好き、嫌い」という二者択一の質問や、好感度を5段階表示で表すなどの調査方法がありますが、これらはともに質的データです。

　なお、「好き、嫌い」という二者択一の設問は、質的データの名義尺度となり、好感度の5段階表示は、順序尺度を用いた質的データとなります。尺度については次項で詳しく説明します。

Q3　データ尺度の種類には何があるの？

> データ尺度の種類
>   名義尺度／順序尺度／間隔尺度／比率尺度
> 名義尺度とは
>   血液型のA・B・AB・Oなどのように、測定の対象間の質的な違いのみに焦点を当て、質的に相違するカテゴリーの該当箇所を問題にする場合に用いる。
> 順序尺度（順位尺度）とは
>   A・B・Cの成績評価などのように、数量化でき、かつ測定対象間の配列順序を問題にする場合に用いる。
> 間隔尺度（距離尺度）とは
>   摂氏で示す温度のように、順序に加え、差が意味を持つものを問題にする場合に用いる。温度があるにも関わらず便宜上ゼロという点を置いているように、真の意味でのゼロを表示しないもの。
> 比率尺度（比例尺度）とは
>   kg、g などの重さや m、mm などの長さのように、差に加え、比も意味を持つものを問題にする場合に用いる。ゼロという基点が存在し、そのゼロが本質的な意味合いを持つもの。

　データの種類には、質的データと量的データがあることを見てきました。これらをさらに、尺度の点から分類してみましょう。

　尺度の点からデータを分類すると、名義尺度のデータ、順序尺度のデータ、間隔尺度のデータ、比率尺度のデータの4つの尺度に分けられます。

　1つ目の名義尺度のデータは、単に区別だけを目的とした質的データの分析によく用いられます。例えば血液型や愛読書など、測定の対象間の質的な違いにのみ焦点を当てて、質的に異なるカテゴリーの該当箇所を問題にします。

2つ目の順序尺度のデータは、量的データの分析に用いられ、単なる区別だけではなく、Ａ・Ｂ・Ｃの成績評価など、数量化でき、かつ測定対象間の配列順序を問題にするときに使います。
　3つ目の間隔尺度のデータも、量的データの分析に用いられます。この場合、上記の区別・配列順序に加えて、差が意味を持ち、かつゼロが本質的な意味を持たない場合に用います。例えば摂氏で表示した温度0℃のように、温度があるにも関わらず便宜上ゼロという点を置いているデータを処理するときなどです。この場合、差には意味がありますが、比には意味はありません。摂氏が10度のときと20度のときを比べた場合に、「2倍暑い」とは言いませんよね？
　4つ目の比率尺度のデータも、量的データの分析に用いられます。重さや長さのように、ゼロという点が存在し、その差に加えて比も意味を持つときに使います。「10cmの鉛筆は5cmの鉛筆の2倍の長さである」のように測定値どうしの関係を「〜倍」と表示できます。

身近なことから考えてみると…

　尺度という概念は、日常あまり意識していませんが、この概念をあてはめてみると、「寸法値、重さや比重」などのように、物理量としての認識が強いと思います。物理量は概して比率尺度となることが多いのですが、心理統計では物理量としての比率尺度はあまり使いません。しかし心理統計においても、物理的特性（国別の平均身長etc.）や心理的傾向（何cm以上の人を背が高いと認識するかetc.）などを数値化して比率尺度にすることで、それらの傾向を統計として表すことができます。

問題

1. ①順序尺度の例をあげ、それが順序尺度の例となる理由を述べなさい。
   ②名義尺度の例をあげ、それが名義尺度の例となる理由を述べなさい。
   ③順序尺度の水準では意味があるが、名義尺度の水準では意味がないことについて、例をあげて説明しなさい。

   （日本女子大学大学院人間社会研究科心理学専攻2002年度）

2. 次の（　）内に適する言葉を書き入れなさい。

   心理学でしばしば採用される測定尺度の水準は、スティーヴンス(Stevens, S. S.)のいう、名義尺度、（　）尺度、間隔尺度、および（　）尺度の4つの尺度である。これらの尺度は質的変数、量的変数、離散値、連続値などの概念との関連から分類されるものであり、どのような尺度によって測定されたかによって、データの扱いが違ってくる。例えば、体重を測定する場合の測定尺度として妥当な尺度は（　）尺度であり、食べ物の好き嫌いの測定には（　）尺度、また所属サークルの測定の場合は名義尺度を採用することが妥当である。

   （駒澤大学大学院人文科学研究科心理学専攻2001年度）

解答

1. ①対象の人物群について美しさ（かっこよさ）で順位付け（1から5など）を行う場合は、順序尺度となる。
   この場合、数値の大小に関係はあるが、目盛りの間の等間隔性は保証されていないので、順序尺度といえる。
   ②ある人物に対して好きか嫌いかという分析をする場合は、名義尺度となる。
   名義尺度は、命名したり、分類したり、符号化する際に用いられる。好きか嫌いかという感情（態度）はカテゴリーとして分類され、その大小関係は意味を持たないため、名義尺度となる。
   ③犯罪の重さについて5段階で分析した際、軽重のどちらかに分布が偏ってしまうと名義尺度では評価できなくなる。
   例えば、路上駐車と詐欺を100人にアンケートして、5段階（1.非常に良いこと　2.良いこと　3.普通のこと　4.悪いこと　5.非常に悪いこと）で評価した場合に、前者では80

人が「悪い」、20人が「非常に悪い」と答え、後者では40人が「悪い」、60人が「非常に悪い」と回答したとすれば、順序尺度では評価できる。しかし、名義尺度では、善悪という2つのカテゴリーに分類されるので、前後者とも100名全員が悪いことと回答しているため、名義尺度では意味を持たない。

2．順序、比率、比率、間隔（距離）

心理統計ではこう使う

心理統計では、基点が絶対零点を持つような、比率尺度の物差しはあまりないので、名義・順序・間隔尺度の3つを区別できるようになることが重要です。

ただ、順序尺度と間隔尺度との間の境界があいまいなことがあります。例えば、5段階で表記した顧客満足度（下図）の場合、1と2、2と3、3と4、4と5の間の差を均一と考えれば間隔尺度にもなります。しかし、1の「非常に満足」と2の「満足」の間に大きな差があると考えれば、順序尺度と考えることもできます。後者の考えは顧客満足度を重要視する企業がより強い企業となるためには必要不可欠の考えですね。

顧客満足度

非常に満足	満足	普通	悪い	非常に悪い
1	2	3	4	5

この差をどう評価するかで、結果が異なることに注意！

Q4　図表やグラフにはどんなものがあるの？

> 表や図を使用する利点
> 　表や図を使用することで、問題としている各特性の特徴や、他の特性との比較を容易にすることができる。
> それぞれのデータに適した表について
> 　①質的データ
> 　　(A) 円グラフ　(B) 棒グラフ　(C) 絵グラフ　(D) 度数分布表
> 　②量的データ
> 　　(A) ヒストグラム　…度数分布表をグラフとして表示したもので、縦軸に度数、横軸に変量をとって、柱状の長方形の縦と横を度数、階級間に対応させたグラフのこと。柱状グラフともいう。
> 　　(B) 度数ポリゴン　…度数分布多角形とも呼び、ヒストグラムの長方形の中点を順次結んでいった折れ線グラフのこと。
> 　　(C) 度数分布表　…任意に適当な階級を定め、それに対する度数を記入したもの。
> 　　(D) 累積度数分布表…度数分布表で、度数を各階級までの累積で表したもの。
> 　　(E) 累積度数折れ線…累積度数分布をグラフに表したもので、ある資料が全体のどこに位置するかを見やすくしたもの。

　観察や調査により得られた各特性と、他の特性との比較を容易にするために、図表やグラフを使います。その際、質的データを表示するために用いられるものと、量的データを表示するために用いられるものの2つのタイプがあります。円グラフ、棒グラフ、絵グラフは前者にあたり、ヒストグラム、度数ポリゴン、累積度数折れ線グラフは後者にあたります。度数分布表は、

両者に使うことができます。

　(A) ヒストグラムは、等間隔に区切られた区間（階級）に、どれだけのデータがつまっているか（度数がどれだけか）を棒として示したものです。区間を示さない棒グラフとは異なります。(B) 度数ポリゴンは、そのヒストグラムの中点を線で結んだものです。階級とは測定値を一定の間隔で区切った範囲を指し、度数とはその階級に含まれる数を指します。ここでは元データを出していませんが、例えば下記の(C)では158.5cm～161.5cmの間に6名いることを意味しています。(D)の累積度数分布表は、度数を最初から足していったものです。この表は、(E)を見るときに役立ちます。累積度数折れ線の傾斜が急であるほど、データが密集して変化があることを示しています。これは解析の重要な鍵となります。

　それぞれの具体的なグラフは次のようになります。

ある高校1年の1クラス、男子21名、女子18名の計39名の身長記録

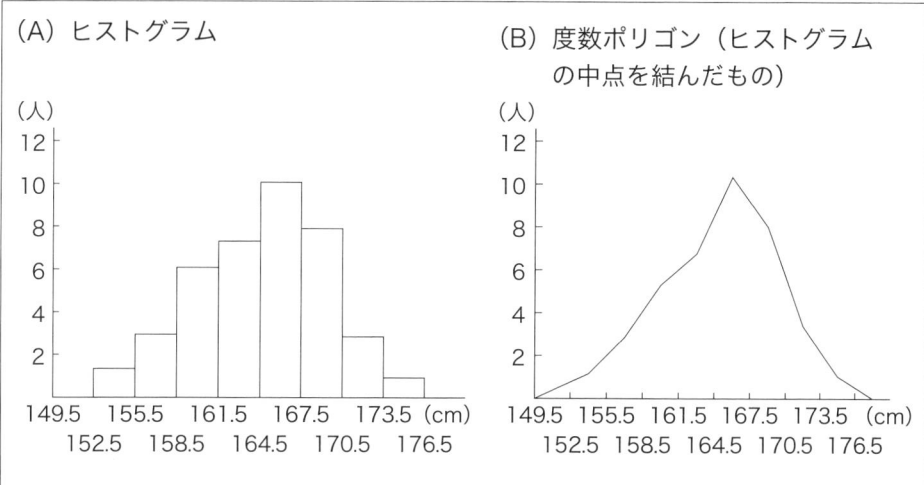

(A) ヒストグラム

(B) 度数ポリゴン（ヒストグラムの中点を結んだもの）

(C) 度数分布表

階級	度数	階級	度数
152.5～155.5	1	164.5～167.5	10
155.5～158.5	3	167.5～170.5	8
158.5～161.5	6	170.5～173.5	3
161.5～164.5	7	173.5～176.5	1
		計	39

(D) 累積度数分布表

階級値	度数	累積度数	階級値	度数	累積度数
154	1	1	166	10	27
157	3	4	169	8	35
160	6	10	172	3	38
163	7	17	175	1	39

(E) 累積度数折れ線

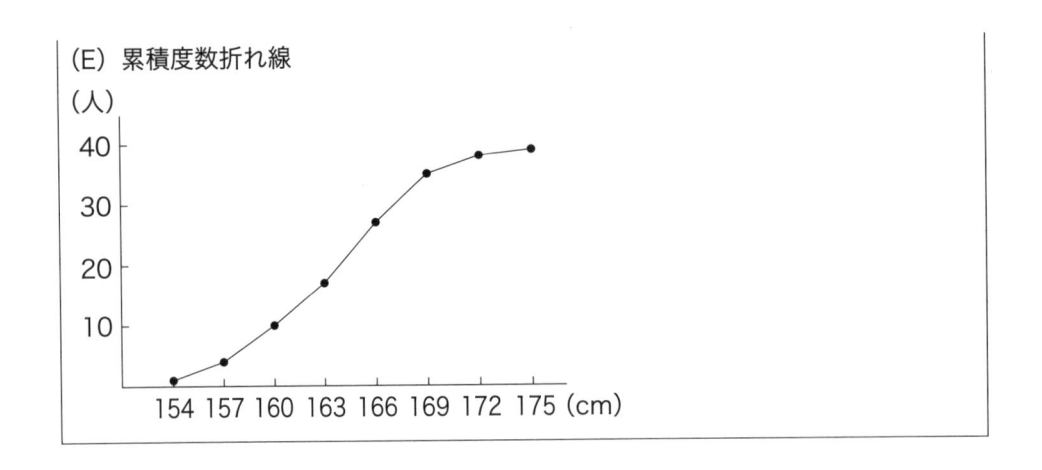

身近なことから考えてみると…

　データを収集しても、それを考察できるかたちにしなければ、データは役に立ちません。1番簡単にデータの傾向が見られるのは、データを階級に区切った度数分布表です。そして、度数分布表からヒストグラムを作成すると、視覚的にそのデータの持つ特徴が分かりやすくなります。分布表を作成し、ヒストグラムを作成することが、推測統計の始まりといえるでしょう。

問題

　次の表は、全校生徒500人の中学校で、通学時間を調査するため、50人の標本調査を行った結果を度数分布表にまとめたものである。これを使用して、ヒストグラム、度数ポリゴンを作成せよ。

通学時間（分）	人数（人）
0 ～ 4	3
4 ～ 8	15
8 ～ 12	20
12 ～ 16	10
16 ～ 20	2
計	50

解答

ヒストグラム　　　　　　度数ポリゴン

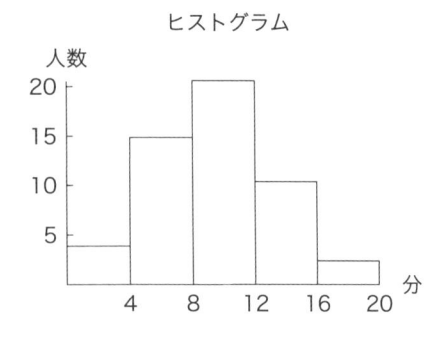

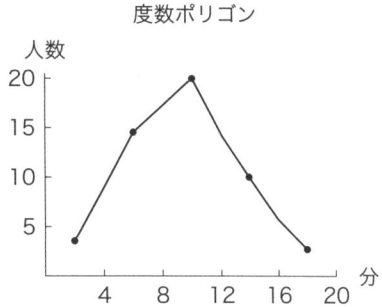

心理統計ではこう使う

心理統計では、度数分布表から派生した累積相対度数表をよく用います。累積相対度数とは、総数を100に換算して、数値化・グラフ化したものです。

累積相対度数表

身長	度数	累積度数	累積相対度数
154	1	1	2
157	5	6	12
160	9	15	30
163	9	24	48
166	11	35	70
169	10	45	90
172	3	48	96
175	2	50	100

式としては、(各累積度数÷総データ数)×100となります。これはよく使いますので覚えておきましょう。

Q5　Σ（シグマ）って何？

> Σとは
> 　変数の総和を表す
> 　$\sum_{k=1}^{n}$ とは $k=1$ 番目から n 番目までの変数の総和
>
> $\sum_{k=1}^{n} X_k = X_1 + X_2 + \cdots + X_n$ 　　　　　　　　— 原理①
>
> $\sum_{k=1}^{n} X_k + C = (X_1 + X_2 + \cdots + X_n) + C$ 　　　— 原理②
>
> $\sum_{k=1}^{n} (X_k + C) = (X_1 + C) + (X_2 + C) + \cdots + (X_n + C)$
> 　　　　　　$= (X_1 + X_2 + \cdots + X_n) + nC$ 　　　— 原理③
>
> $\sum_{k=1}^{n} (X_k)^2 = (X_1)^2 + (X_2)^2 + \cdots + (X_n)^2$ 　　— 原理④
>
> $\sum_{k=1}^{n} X_k Y_k = X_1 Y_1 + X_2 Y_2 + \cdots + X_n Y_n$ 　　— 原理⑤
>
> $\sum_{k=1}^{n} X_k \sum_{k=1}^{n} Y_k \sum_{k=1}^{n} Z_k = (X_1 + X_2 + \cdots + X_n)(Y_1 + Y_2 + \cdots + Y_n)$
> 　　　　　　　$(Z_1 + Z_2 + \cdots + Z_n)$ 　　　　　　— 原理⑥

　Σは、総和（すべてを足し合わせること）を意味します。その場合、Σの下にくる数が始めの番号を、上にくる数字が終わりの番号を表します。例えば、$\sum_{k=2}^{5}$ と表示すれば、2番目から5番目までの変数の値の総和を求めることになります。
　次に計算の定式を見ていきましょう。
　②では、定数 C には Σ がかかっていないので、X_k の1番目から n 番目までの総和を求め、最後に定数である C を加えます。
　③の場合は、Σ が定数項にもかかっているので、X_k の1番目から n 番目までの総和を求めた上で、n 番目までに C は n 個あるので、nC を加えます。
　④の場合は、1番目から n 番目までの X^2 の値を加えます。
　⑤の場合、XY に1つの Σ がかかっているので、1番目の $X_1 Y_1$ の値から n 番

目の $X_n Y_n$ までの総和を求めます。

　⑥の場合、XYZ それぞれに Σ がかかっているので、X の1番目から n 番目までの和を求め、Y と Z についても同様に、1番目から n 番目までの和を求めます。その後、それぞれの総和を掛け算します。

　以上が原理ですが、具体的に計算公式を示せば以下のようになります。
$\sum_{k=1}^{n} X_k$ で $X_k = k$ の場合、

$$\sum_{k=1}^{n} k = \frac{n}{2}(n+1) \qquad\qquad ―⑦$$

$X_k = k^2$ の場合

$$\sum_{k=1}^{n} k^2 = \frac{n}{6}(n+1)(2n+1) \qquad\qquad ―⑧$$

$X_k = k^3$ の場合

$$\sum_{k=1}^{n} k^3 = \left\{\frac{1}{2}n(n+1)\right\}^2 \qquad\qquad ―⑨$$

$$\sum_{k=1}^{n} 1 = n \qquad\qquad ―⑩$$

$$\sum_{k=1}^{n} ak = a \sum_{k=1}^{n} k \qquad\qquad ―⑪$$

また、$\sum_{k=3}^{n} k$ の場合、$\sum_{k=1}^{n} k$ から $\sum_{k=1}^{2} k$ までを引いて求めることができます。

$$\sum_{k=3}^{n} k = \sum_{k=1}^{n} k - \sum_{k=1}^{2} k$$

⑦式を使用してこの式を解けば、

$$= \frac{1}{2}n(n+1) - \frac{1}{2} \times 2 \times (2+1)$$

$$= \frac{1}{2}(n^2+n) - \frac{1}{2} \times 2 \times 3$$

$$= \frac{1}{2}(n^2+n) - 3$$

$$= \frac{1}{2}n^2 + \frac{1}{2}n - 3 \qquad (\therefore n \geq 3)$$

となる。

身近なことから考えてみると…

　買い物をするとき私たちは、無意識のうちにΣの計算を行っています。買い物金額の合計をΣで表してみましょう。A店で日用雑貨を買ったとしましょう。買った品物は、①歯ブラシ150円、②歯磨き粉400円、③シャンプー800円、④リンス700円、⑤石鹸190円とすると、以下のような表ができます。ここで、Xは商品というラベルです。ラベルとは私たちがものを扱いやすいように命名したものです。

A店での購入商品

	①歯ブラシ	②歯磨き粉	③シャンプー	④リンス	⑤石鹸
X_n	150円	400円	800円	700円	190円

B店での購入商品

	①洗剤	②スポンジ
Y_j	250円	100円

　この表を式で表すと$\Sigma(X_n)$となりますね。さらに、買い忘れをしてB店で追加の買い物を2つした場合のA店とB店の合計金額は、

$\sum_{n=1}^{5}(X_n) + \sum_{j=1}^{2}(Y_j)$　となります。

　また、100人のメンバーが、1から100までゼッケンをつけている場合を考えてみましょう。ゼッケンが偶数の人が自分のゼッケンのナンバーと同じ数のりんごを持っているとします。その時のりんごの総数もΣで表すことができます。

$\sum_{k=1}^{50} 2k = 2\sum_{k=1}^{50} k = 2 \times \frac{1}{2} \times 50 \times (50+1) = 50 \times 51 = 2550$

問題

1. 次のデータについて、以下の値を求めなさい。

得られたデータ

変数／対象 (k)	1	2	3	4	5
X	3	7	2	8	1
Y	2	3	9	3	7
Z	1	4	3	2	3

① $\sum_{k=1}^{5} X_k$ ② $\sum_{k=1}^{3} Y_k$ ③ $\sum_{k=1}^{4} Z_k$

2. 次のデータについて、以下の値を求めなさい。

得られたデータ

変数／対象 (k)	1	2	3	4	5	6	7
X	3	0	2	1	3	2	3
Y	2	4	1	5	4	2	1

① X_5 ② $\sum_{k=1}^{6} X_k$ ③ $\sum_{k=1}^{7} X_k Y_k - \sum_{k=1}^{4} X_k \sum_{k=1}^{3} Y_k$ ④ Y_7

⑤ $\sum_{k=1}^{4} (X_k - Y_k)^2$ ⑥ $\sum_{k=1}^{7} (X_k - 3)^2$ ⑦ $\sum_{k=1}^{5} Y_k$

解答

1. ① $\sum_{k=1}^{5} X_k = 3 + 7 + 2 + 8 + 1 = 21$　　　　　　答え　21

   ② $\sum_{k=1}^{3} Y_k = 2 + 3 + 9 = 14$　　　　　　答え　14

   ③ $\sum_{k=1}^{4} Z_k = 1 + 4 + 3 + 2 = 10$　　　　　　答え　10

2. ① $X_5 = 3$　　　　　　答え　3

   ② $\sum_{k=1}^{6} X_k = 3 + 0 + 2 + 1 + 3 + 2 = 11$　　　　　　答え　11

   ③ $\sum_{k=1}^{7} X_k Y_k - \sum_{k=1}^{4} X_k \sum_{k=1}^{3} Y_k = (3 \times 2) + (0 \times 4) + (2 \times 1) + (1 \times 5) + (3 \times 4) + (2 \times 2) + (3 \times 1)$

   $\qquad - (3 + 0 + 2 + 1) \times (2 + 4 + 1)$

   $\qquad = 32 - 42 = -10$　　　　　　答え　-10

   ④ $Y_7 = 1$　　　　　　答え　1

   ⑤ $\sum_{k=1}^{4} (X_k - Y_k)^2 = (3-2)^2 + (0-4)^2 + (2-1)^2 + (1-5)^2 = 34$　　　　　　答え　34

⑥ $\sum_{k=1}^{7}(X_k-3)^2 = (3-3)^2+(0-3)^2+(2-3)^2+(1-3)^2+(3-3)^2+(2-3)^2+(3-3)^2 = 15$

答え 15

⑦ $\sum_{k=1}^{5} Y_k = 2+4+1+5+4 = 16$

答え 16

心理統計ではこう使う

心理統計では、人のこころを数値化して分析しますので、Σ計算は必須となります。特に5章以降で紹介するχ^2検定や分散分析、相関関係を求める際に必要となってきます。現在は計算機やパソコンでできますので、原理ややり方さえ覚えておけば、恐れるものではありません。また、スピアマンの順位相関係数を求める場合にもΣが用いられます。例えば、（イ）から（ヘ）の6人のスポーツ選手に対して、AさんとBさんの評価がそれぞれ以下のような順位であった時の、順位相関係数を考える場合などです。

	イ	ロ	ハ	ニ	ホ	ヘ
A	4	5	2	1	3	7
B	2	6	3	4	1	5
di^2	4	1	1	9	4	4

di = 順位尺度の差、N = 評価対象の数、$N=6$、$\sum_{i=1}^{6} di^2 = 23$

スピアマンの順位相関係数の公式は以下の通りです。

$$P = 1 - \frac{6 \times \sum_{i=1}^{n} di^2}{n(n^2-1)}$$

$$= 1 - \frac{6 \times 23}{6 \times (6^2-1)}$$

$$= 1 - \frac{23}{35}$$

$$≒ 1 - 0.657$$

$$≒ 0.343$$

これによって、2人の評価がどれほど似通っているかが分かります。

Q6 √（ルート）って何？

平方根とは
　ある数を2乗するとaになるとき、Xをaの平方根という。
　$X^2 = a$　→　Xはaの平方根である。
　　例1：$X=2$の場合、$2^2=a$　$a=4$　　　　2は4の平方根である。
　　例2：$a=5$の場合、$X^2=5$　$X=\pm\sqrt{5}$　　5の平方根は、$\pm\sqrt{5}$。

平方根の表示方法
　正の数aの平方根のうち、正のものを、記号$\sqrt{}$を用いて、$\sqrt{a}$つまりルートaと表示する。
　　例：$X^2=a$　$X>0$の時、$X=\sqrt{a}$

ルート記号の外し方
　$a>0$の時…
　① $\sqrt{a^2}=a$、$-\sqrt{a^2}=-a$　例：$\sqrt{16}=\sqrt{4^2}=4$、$-\sqrt{16}=-\sqrt{4^2}=-4$
　② $(\sqrt{a})^2=a$、$(-\sqrt{a})^2=a$　　　　例：$(\sqrt{3})^2=3$、$(-\sqrt{3})^2=3$
　③ $\sqrt{(-a)^2}=\sqrt{a^2}=a$　　　　　例：$\sqrt{(-3)^2}=\sqrt{9}=\sqrt{3^2}=3$

平方根の大小
　$0<a<b$の時…
　① $\sqrt{a}<\sqrt{b}$　　　　　　　　　例：$\sqrt{7}<\sqrt{9}$
　② $-\sqrt{a}>-\sqrt{b}$　　　　　　　　例：$-\sqrt{7}>-\sqrt{9}$

計算公式
　① $\sqrt{a}\times\sqrt{b}=\sqrt{ab}$　　　　　　　例：$\sqrt{3}\times\sqrt{7}=\sqrt{3\times7}=\sqrt{21}$
　　$\sqrt{a}\div\sqrt{b}=\sqrt{\dfrac{a}{b}}$
　② $a\sqrt{b}=a\times\sqrt{b}=\sqrt{a^2}\times\sqrt{b}=\sqrt{a^2b}$
　③ $a\sqrt{m}+b\sqrt{m}=(a+b)\sqrt{m}$
　　$a\sqrt{m}-b\sqrt{m}=(a-b)\sqrt{m}$

√（ルート）は、標準偏差や分散を求めるなど、統計では頻繁に出てきます。√（ルート）の基本的な考え方と計算の方法を説明してみましょう。

　ある数Xを2乗、つまり2回掛けるとaになるとしましょう。この時、Xをaの平方根といいます。このことを記号を用いて表すと、正の数aの平方根のうち、正のものは$\sqrt{a}$、つまりルートaとなります。ルートを外すときにも、この考え方が基となります。

　次に、平方根の大小を比べる時には、√の中に数字を入れてその大小によって比較します。正の時には比べる数の値が大きいほど大きく、負の時には比べる数の値が大きいほど小さくなります。

　最後に四則計算の場合、乗法（かけ算）・除法（わり算）では、√の中に数字を入れて乗法・除法を行います。また、加法（たし算）・減法（ひき算）の計算では√を同じ数に合わせて√の前の数で加法と減法の計算を行います。

身近なことから考えてみると…

　正方形の面積は、「対角線の長さの2乗÷2」で求めることができます。ですから、正方形の面積が分かっているときの対角線の長さは、ルートを用いて求めることができます。

　なお、中学数学で覚えた平方根の値（$\sqrt{2} = 1.41421356\cdots$　$\sqrt{3} = 1.7320508\cdots$　$\sqrt{5} = 2.2360679\cdots$）なども復習しておきましょう。

問題

1．計算せよ
　① $\sqrt{3a} \times \sqrt{27a}$　② $\sqrt{m} \div \sqrt{4m^2}$　③ $\sqrt{16m^2} \times \sqrt{121m^2}$

2．次の式の√を外せ

　① $\sqrt{\dfrac{(a-b)^2}{N^2}}$　　（$a>b$ の時）

　② $\sqrt{(a-b)(m+n)} \times \sqrt{(y-z)(a-b)} \times \sqrt{(m+n)(y-z)}$　（$a>b$、$y>z$ の時）

3．$\sqrt{2} = 1.414$、$\sqrt{20} = 4.472$ の時、次の近似値を求めなさい。

① $\sqrt{0.002}$ ② $\sqrt{2000}$ ③ $\sqrt{0.02}$ ④ $\sqrt{0.00002}$

解答

1. ① $\sqrt{3a} \times \sqrt{27a} = \sqrt{3a \times 27a} = \sqrt{81a^2} = \sqrt{(9a)^2} = 9a$ 　　　　　答え　$9a$

   ② $\sqrt{m} \div \sqrt{4m^2} = \sqrt{\dfrac{1}{4m}} = \dfrac{1}{2\sqrt{m}}$ 　　　　　答え　$\dfrac{1}{2\sqrt{m}}$

   ③ $\sqrt{16m^2} \times \sqrt{121m^2} = \sqrt{16m^2 \times 121m^2} = \sqrt{1936m^4} = 44m^2$ 　　　　　答え　$44m^2$

2. ① $\sqrt{\dfrac{(a-b)^2}{N^2}} = \dfrac{a-b}{N}$ 　　　　　答え　$\dfrac{a-b}{N}$

   ② $\sqrt{(a-b)(m+n)} \times \sqrt{(y-z)(a-b)} \times \sqrt{(m+n)(y-z)}$
   $= \sqrt{(a-b)(m+n)(y-z)(a-b)(m+n)(y-z)}$
   $= \sqrt{(a-b)(a-b)(m+n)(m+n)(y-z)(y-z)}$
   $= \sqrt{(a-b)^2 (m+n)^2 (y-z)^2}$
   $= (a-b)(m+n)(y-z)$ 　　　　　答え　$(a-b)(m+n)(y-z)$

3. ① $\sqrt{0.002} = \sqrt{20 \times \dfrac{1}{10000}} = \sqrt{20} \times \sqrt{\dfrac{1}{10000}} = \sqrt{20} \times \sqrt{\left(\dfrac{1}{100}\right)^2} = 4.472 \times \dfrac{1}{100}$
   $= 0.04472$ 　　　　　答え　0.04472

   ② $\sqrt{2000} = \sqrt{20 \times 100} = \sqrt{20} \times \sqrt{10^2} = 4.472 \times 10 = 44.72$ 　　　　　答え　44.72

   ③ $\sqrt{0.02} = \sqrt{2 \times \dfrac{1}{100}} = \sqrt{2} \times \sqrt{\left(\dfrac{1}{10}\right)^2} = 1.414 \times \dfrac{1}{10} = 0.1414$ 　　　　　答え　0.1414

   ④ $\sqrt{0.00002} = \sqrt{20 \times \dfrac{1}{1000000}} = \sqrt{20} \times \sqrt{\left(\dfrac{1}{1000}\right)^2} = \sqrt{20} \times \dfrac{1}{1000} = 4.472 \times \dfrac{1}{1000}$
   $= 0.00447$ 　　　　　答え　0.00447

心理統計ではこう使う

標準偏差を求める場合にも $\sqrt{}$ は使います。

例えば標準偏差の式は、以下のようになります。

$$標準偏差 = \sqrt{\dfrac{\Sigma(X-\overline{X})^2}{N}}$$

N：データ数　X：各観測値　$\overline{X}$：平均値

Q7 信頼性と妥当性とは？

信頼性とは
　同一の調査対象の問題となっている特性に関して、調査・統計をとった測定結果が、どの程度偶然性に左右されないで安定しているかを示す概念。
　※信頼性を測定する方法
　　　再テスト法／平行検査法／折半法／α係数法
妥当性とは
　測定した結果が、問題とされている特性について、どの程度、的確に捉えているかを示す概念（測定の目的からの評価）。
　※妥当性の分類
　　　基準関連妥当性／内容的（予測的）妥当性／構成概念妥当性

　統計、特に心理統計を用いる際には、信頼性と妥当性という2つの問題が出てきます。
　信頼性というのは、測定して得られた結果の正しさ、データの安定性を意味する概念です。信頼性を高めるためには、同一の調査対象に時間的間隔をおいて同一のテストを行う再テスト法、相関を見るために同レベルの異なる2つのテストを同一の調査対象に連続して行う平行検査法、1つのテストを2回に分けて行う折半法があります。そして信頼性を評価する方法としては、代表的には3つの方法があります。それらを式を用いて表すと以下のようになります。
　①古典的な信頼性の評価方法（検査得点の精度を求める）

・$X = T + E$ $\begin{cases} X = \text{検査得点} \\ T = \text{真の得点} \\ E = \text{誤差} \end{cases}$

②現在用いられる信頼性の評価方法Ⅰ（信頼性係数を測定する）

$$p(x) = \frac{S^2(t)}{S^2(x)} \quad \begin{cases} p(x) = 信頼性係数（0 \leq p < 1）\\ x = テスト得点 \\ S^2(t) = 真値 t の分散 \\ S^2(x) = テスト得点 x の分散 \end{cases}$$

③現在用いられる信頼性の評価方法Ⅱ（信頼性係数を測定する）
・クローンバックのα係数を使用したもの（α係数法）

$$\alpha = \frac{n}{n-1}\left(1 - \frac{\sum_{j=1}^{n} S^2(x_j)}{S^2(x)}\right) \quad \begin{cases} \alpha = 信頼性係数 \\ n = テスト項目数 \\ S^2(x_j) = 項目 j の分散 \\ S^2(x) = テスト得点の分散 \end{cases}$$

なお、信頼性係数とは、検査法の精度を表すもので、$p(x) = \frac{S^2(t)}{S^2(x)}$の場合、精度が高いほど1に近く、低いときは0に近くなります。

一方、妥当性は、測定しようとする目的に対して、測定した結果が、問題とされている特性をどの程度的確に捉えているかを示すために用いられます。具体的には、他の尺度や指標と矛盾していないかどうかを見る基準関連妥当性、測定対象の妥当性をどの程度的確に捉えているかを示す内容的妥当性、予測した結果が得られているかを示す構成概念妥当性があります。

身近なことから考えてみると…

ある人が、血圧を測定するとします。血圧は、1日のうちで気分・環境によって変化しているので、1回だけ測定するのではなく、時間を隔てて2～3回測定することが必要です。これにより自分の血圧を正しく知ることができます。これが信頼性です。

妥当性というのは、能力や性格のように直接観察できない特性について、どの程度測定対象にスポットが当たり、その測定対象を的確に捉えているかをいいます。

問題

1. ①信頼性を測定する方法をとりあげ、その内容を説明しなさい。
   ②妥当性とは何か。
2. 次の各項目について説明しなさい。
   ①信頼性
   ②妥当性

解答

1. ①信頼性を測定する方法には、再検査法、折半法、平行検査法、α係数法の4つがある。1つめの再検査法とは、同じ集団に対して、時間的間隔をおいて同じテストを2回実施して、相関関係を見る方法である。2つめの折半法とは、1つのテストの測定項目を、相互に平行測定の関係になるように2つに分けて行う方法である。3つめの平行検査法は、同一集団に対して等質で内容の異なる2つのテストを続けて実施して、相関を見る方法である。最後のクローンバックのα係数は、α算出式に代入して計算し、内的な整合性より見ていくものである。

   ②妥当性とは、行った測定が、どの程度測定しようとする対象を的確に捉えているかをいう。妥当性には、基準関連妥当性、内容的妥当性、構成概念妥当性がある。1つめの基準関連妥当性は、測定した結果が他の尺度や指標と矛盾していないかどうかを見るものである。2つめの内容的妥当性とは、測定した結果がどの程度測定対象の特性を的確に捉えているのかを見るものである。3つ目の構成概念妥当性とは、予測した結果が得られているかを示すものである。

2. ①信頼性とは、測定した値がどの程度安定しているかを意味するものである。言い換えれば、同一条件で同一の測定を繰り返したときの、測定値の一貫性をいう。

   ②1.②と同じ

心理統計ではこう使う

「信頼性係数を式を用いて表示せよ」などのように用いられます。
　この場合、妥当性によって、測定した結果が、測定しようとする目的を、どの程度的確に捉えているかを知ることができます。
　また、信頼性によって、測定した結果が正しいかどうか、または安定しているかどうかを知ることができます。

2章　ゼロからの統計解析

この章でやること

Ques.1 代表値って何？ ･･････････････････････････････➤

Ques.2 散布度って何？　偏差・分散って何？ ･･･････➤

Ques.3 歪度・尖度って何？ ･･･････････････････････➤

Ques.4 正規分布って何？ ･･･････････････････････➤

Ques.5 正規分布から標準正規分布への活用とは？ ･･➤

Ans.1

代表値とは、データの中で、そのデータの分布の中心的特徴を代表する、最も典型的・一般的な値のことをいいます。代表値には、①平均値（ミーン）、②中央値（メディアン）、③最頻値（モード）があります。

Ans.2

散布度とは、データの散らばりの状態や度合いを数値で表したものです。それらには、範囲、標準偏差、四分位偏差があります。また、偏差とは、平均値からの隔たりのことです。分散とは、データの散らばりを表します。

Ans.3

歪度とは、分布の形態を見る際に左右対称の形態を標準にしてどの程度左右にずれているかを表し、これによって左右対称形からの偏りの程度と方向を表します。一方、尖度とは、分布の中心に度数が集中していて、その形がどれくらい尖っているかを表します。

Ans.4

正規分布とは、中央部に度数が集中して山が1つあり、左右対称で両方の裾がなだらかな状態で広がっている形をしている分布図のことをいいます。

Ans.5

正規分布は平均 μ と分散 S^2（もしくは標準偏差 S）が求められると計算できます。特に平均が0で分散が1のものを標準正規分布といいます。この標準正規分布を利用して、分散や平均の異なる事象を比較します。

Q1 代表値って何？

> 代表値とは
>   データの中で、そのデータの分布の中心的特長を代表する、最も典型的・一般的な値のこと。
> よく用いられる代表値
>   ①平均値（ミーン）
>   データとして出ている数の総和をデータの数の総和で割ったもの。
>   ②中央値（メディアン）
>   データの全体を大きさの順に並べたときに、中央にある値のこと。
>   ③最頻値（モード）
>   度数の最も多く現れるデータの値のこと。
> 外れ値とは
>   データ全体の中にあり、他のデータ値と比較して極端に大きかったり小さかったりする少数のデータ値のこと。

　代表値というのは、データの中で、そのデータの分布の中心的特長を代表する、最も一般的な値のことをいいます。頻繁に用いられる代表値として、平均値、中央値、最頻値があります。

　平均値とは、データの総和を、データの数の総和で割ったものです。例えば、テストを例にあげると、生徒個々人の点数を全て足すと、データの総和となります。この総和を生徒の数で割ると平均値となります。式で表すと、生徒数を n として、各データ（個々人の点数）を Xn で表せば、平均値 $=\frac{1}{n}\sum_{k=1}^{n}X_k$ となります。

　2つ目の中央値とは、データの全体を大きさの順番に並べたときに、中央にある値を表します。ただし、データの数が偶数のときと奇数のときでは、求め方が異なります。$(2k+1)$ と表示される奇数の場合には、$(k+1)$ 番目の度数が、$2k$ のように表示される偶数の場合には、k 番目と $(k+1)$ 番目の

度数の平均が中央値になります。例えば、全受験者が51人のテストの場合は26番目の人の得点が、全受験者が50人のテストの場合は25番目と26番目の人の得点の平均が、中央値になります。

　3つ目の最頻値の場合、度数の最も多く現れたデータの値です。

　なお、データ全体の中にあって、他のデータと比較して極端に大きかったり小さかったりする少数のデータ値を外れ値といいます。データ全体が少なく外れ値があるときには、平均値を出すにあたって注意が必要です。

身近なことから考えてみると…

　6人の生徒にテストを行って、各々の得点が48点、52点、60点、41点、51点、93点であったとします。その時の中央値は、51.5点で、6人の平均値は57.5点。しかし、高得点の人を抜かした残り5人の平均は50.4点です。これを見ると、6人中93点をとった1人は明らかに他の5人より秀でていることが分かります。この場合、中央値と6人の平均点を比較すると、この点数によって平均が急激に高くなっていて、この時の93を外れ値といいます。データ数が少なく、外れ値がある場合には、平均を出すときに注意が必要です。

問題

1．次の度数分布表より、平均値、モード、メディアンを求めなさい。

高2生48名の身長測定

身長（cm）	度数（人数）	身長（cm）	度数（人数）
154	2	169	10
157	4	172	3
160	7	175	1
163	8		
166	13	合計	48

2．以下は70人の生徒に行った、20点満点の数学のテストの結果である。これに関して、平均値・中央値・最頻値を求めなさい。

数学のテストの結果

データ（点数）	度数（人数）	データ（点数）	度数（人数）
0	1	11	5
1	1	12	4
2	3	13	3
3	4	14	5
4	2	15	6
5	2	16	7
6	3	17	5
7	3	18	4
8	4	19	2
9	2	20	1
10	3	合計（N）	70

3．次の値は、不安症の患者8人に対して、不安度を測定するテストを行ったデータである。このデータに関して、以下の問いに答えなさい。

　　データ　46、75、62、68、57、76、42、60

①データの平均値を求めよ。

②中央値を求めよ。

解答

1．平均値は以下の式で求められる。

　　$(154 \times 2 + 157 \times 4 + 160 \times 7 + 163 \times 8 + 166 \times 13 + 169 \times 10 + 172 \times 3 + 175 \times 1) \div 48$

　　$= 164.6$

　　度数が最も多く現れているのが13人で、そのときの測定値が166だから、モードは166。

　　真ん中は24と25番目で、その人たちは166の測定値に属するから、メディアンは166。

　　　　　　　　　答え　平均値＝164.6　モード＝166　メディアン＝166

2．平均値 ＝ $(0 \times 1 + 1 \times 1 + 2 \times 3 + 3 \times 4 + 4 \times 2 + 5 \times 2 + 6 \times 3 + 7 \times 3 + 8 \times 4 + 9 \times 2 + 10 \times 3 + 11 \times 5 +$

　　　　　　$12 \times 4 + 13 \times 3 + 14 \times 5 + 15 \times 6 + 16 \times 7 + 17 \times 5 + 18 \times 4 + 19 \times 2 + 20 \times 1) \div 70$

　　　　　$= 785 \div 70 ≒ 11.2$

　　中央値＝12点

最頻値＝16点　　　　　　　　　　　答え　平均値11.2点、中央値12点、最頻値16点

3．①平均値＝(46＋75＋62＋68＋57＋76＋42＋60)÷8＝60.75　　　　　　　答え　60.75

　②低いデータから並べると、

　　42、46、57、60、62、68、75、76

　　中央値は60と62の間をとって61　　　　　　　　　　　　　　　　　　答え　61

心理統計ではこう使う

　代表値を用いるのは、例えば、不安症の患者さんに気分調査表を使って不安度を測定するテストを行った場合などです。そこで出たデータを分析するために、平均値や中央値を求めることがあります。

Q2 散布度って何? 偏差・分散って何?

散布度 (dispersion) とは
　データの散らばりの状態や度合いを数値で表したもの。
偏差 (deviation) とは
　平均値からの隔たり、または平均値とデータの差。$(x_i - \bar{x})$ で表す。
　※　$\bar{x} = x$ の平均値
分散 (variance) とは
　散らばりの広がりの度合いを示す指標で、散布度の1つ。偏差の2乗の平均を分散と呼ぶ。

　分散の式　$S^2 = \dfrac{1}{n} \sum\limits_{i=1}^{n} (x_i - \bar{x})^2$

散布度に関する3つの指標
①範囲:散布度に関しての大雑把な指標で、データ中の最大値と最小値の差。データ数が多い場合は、大きな値になる可能性が高い。
②標準偏差:分散の平方根。分散は元データを2乗しているので、元に戻して単位を元データに合わせたもの。

　標準偏差の式　$S = \sqrt{\dfrac{1}{n} \sum\limits_{i=1}^{n} (x_i - \bar{x})^2}$

③四分位偏差:四分位とは、標準偏差では知ることのできない、グラフの裾の部分を知るための指標。度数分布を表す際に、データを下から4分の1の点(第1四分位;Q_1)、4分の2の点、(中央値;Q_2)、4分の3の点(第3四分位;Q_3)に分け、データがさらにどの部分に集中しているかを知る方法。

　Q(四分位偏差) $= \dfrac{1}{2}(Q_3 - Q_1)$

　　※小さい方の値から、$Q_1 = \dfrac{n}{4}$番目、$Q_3 = \dfrac{3}{4}n$番目の値

ここでは、データがどのように散らばっているのかを調べる方法を見ていきます。これを調べるためには、散布度を見ることが必要です。
　散布度とは、データの散らばりの状態や度合いを数値で表したものです。散布度を調べるための大きな指標としては、①範囲、②標準偏差、③四分位偏差があります。
　①の範囲とは、散布度に関するおおざっぱな指標で、データの最大値と最小値の差を見ていくものです。したがって、データの数が多い場合には、大きな値になる可能性もあります。
　次に②の標準偏差は、分散の平方根で、分散と同じく散らばりを表します。分散とは、散らばりの広がりの度合いを示す指標で、散布度の1つです。ここで平方根をとる理由は、分散はもとのデータを2乗しているので、単位を戻す意味があるからです。また、標準偏差は0以上の正の値をとり、0であることは散らばりがないことを示し、値が大きければ大きいほどデータが散らばっていることを表します。
　③の四分位偏差は、標準偏差で知ることができない、グラフの裾の部分を知るための指標です。具体的には、度数分布で表示する際に、データ値の下から4分の1の点（第1四分位）、4分の3の点（第3四分位）を四分位範囲といい、データ中央2群の散らばりの状態を知ることができます。

身近なことから考えてみると…
　大学受験などで、自分の偏差値と目標校の偏差値の関係を気にしたことがありますね。ここでいう偏差値は、標準偏差を利用して求めた値です。そして標準偏差は、試験を受けた人の散らばり具合、つまりどの得点にどれだけの人がいるかを示した散布度の1つです。

問題

1．次の用語について解説しなさい。
　　標準偏差
2．次のデータは、20人の生徒に心理テストを行って得た得点である。

34、16、8、14、21、7、36、20、4、16、6、4、24、30、26、12、18、21、38、25

① 平均値を求めなさい。
② 標準偏差を求めなさい。
③ 分散を求めなさい。
④ 中央値を求めなさい。
⑤ 四分位偏差を求めなさい。

解答

1. 標準偏差とは、観測値の大きさを元にした、散布度の1つである。分布の代表値を平均値とした場合の分布の散らばりの大きさを示す。これによって各観測データが、平均からどの程度隔たっているかを表すことができる。これを式で表示すれば、標準偏差 $=\sqrt{\frac{1}{n}\sum_{i=1}^{n}(x_i-\bar{x})^2}$ つまり $\sqrt{\frac{\sum_{i=1}^{n}(x_i-\bar{x})^2}{n}}$ で、x_i は各観測データ、$\bar{x}$ は平均値、n はデータの個数である。このように、標準偏差は各観測データと平均との差を総データ数で割ったものの平方根として表せる。

2. データを小さい順に並べると、4、4、6、7、8、12、14、16、16、18、20、21、21、24、25、26、30、34、36、38

① $\sum x_i = 4+4+6+7+\cdots\cdots 34+36+38 = 380$

　　20人のデータだから、$n=20$

　　平均値 $\bar{x} = \frac{\sum x_i}{n} = \frac{380}{20} = 19$ 　　　　　　　　答え　19

② 標準偏差 $S = \sqrt{\frac{\sum_{i=1}^{n}(x_i-\bar{x})^2}{n}}$

$= \sqrt{\frac{(4-19)^2+(4-19)^2+(6-19)^2+\cdots(38-19)^2}{20}}$

$= \sqrt{\frac{2092}{20}} = \sqrt{104.6} \fallingdotseq 10.2$ 　　　　　　答え　10.2

③ 分散 $S^2 = \frac{(4-19)^2+(4-19)^2+(6-19)^2+\cdots(38-19)^2}{20} = 104.6$

　　（分散は標準偏差の2乗だから、②の$\sqrt{}$を外せばよい）　　　　　答え　104.6

④ $n=20$ より、18と20の中央の値をとって19　　　　　　　　答え　19

⑤ 第1四分位である $\frac{1}{4}$ のところ Q_1 は上段の10個のデータの中央だから、8と12の中央値である10、第3四分位である $\frac{3}{4}$ のところ Q_3 は、下段10個のデータの中央だから25と26の中央値

25.5

$Q_1 = 10$、$Q_3 = 25.5$

$Q = \dfrac{Q_3 - Q_1}{2} = \dfrac{25.5 - 10}{2} = 7.75$ 答え　7.75

心理統計ではこう使う

　新入生の1週間の合宿学習にあたって、今まで家族以外の人たちと関わった機会のない生徒たちの合宿に対する不安度を、「あまり不安ではない、どちらでもない、やや不安、不安、とても不安」に分類し得点調査します。「とても不安」「不安」に散布度が偏っていれば、そう答えた人を対象にカウンセリングを行う、などの処置により、合宿前に不安を和らげる指導を行うことが可能になります。

Q3 歪度・尖度って何？

歪度（skewness）とは
分布の形状を見る際に、左右対称の形態を標準にしてどの程度左右にずれているかを表示するもの。
- 左右対称のグラフになる場合……………………………歪度＝0
- グラフが小さい方の値（左）に寄っている場合…歪度＞0
- グラフが大きい方の値（右）に寄っている場合…歪度＜0

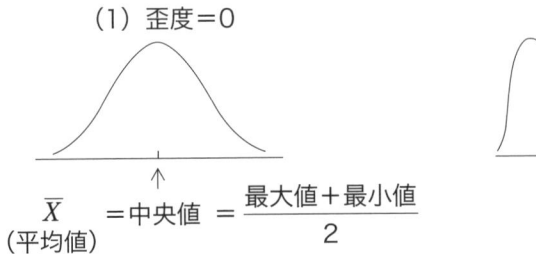

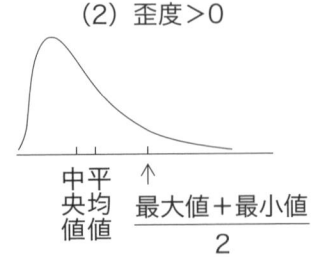

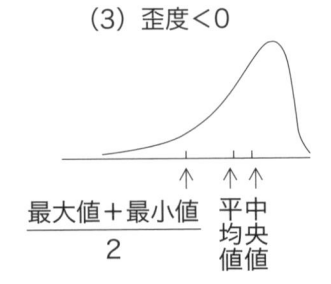

(1) 歪度＝0

$\overline{X}$（平均値） ＝中央値 ＝ $\dfrac{最大値＋最小値}{2}$

(2) 歪度＞0

中央値　平均値　$\dfrac{最大値＋最小値}{2}$

(3) 歪度＜0

$\dfrac{最大値＋最小値}{2}$　平均値　中央値

歪度を求める式

$$歪度 = \dfrac{\sqrt{n}\left\{\sum_{i=1}^{n}(x_i - \overline{x})^3\right\}}{\left\{\sum_{i=1}^{n}(x_i - \overline{x})^2\right\}^{\frac{3}{2}}}$$

尖度（kurtosis）とは
分布の中心に度数が集中していて、その形がどの程度尖っているかを表示したもの。

（1）尖度＝3　　　　　（2）尖度＜3　　　　　（3）尖度＞3

尖度を求める式

$$尖度 = \frac{\sum_{i=1}^{n}(x_i-\overline{x})^4}{\left\{\sum_{i=1}^{n}(x_i-\overline{x})^2\right\}^2}$$

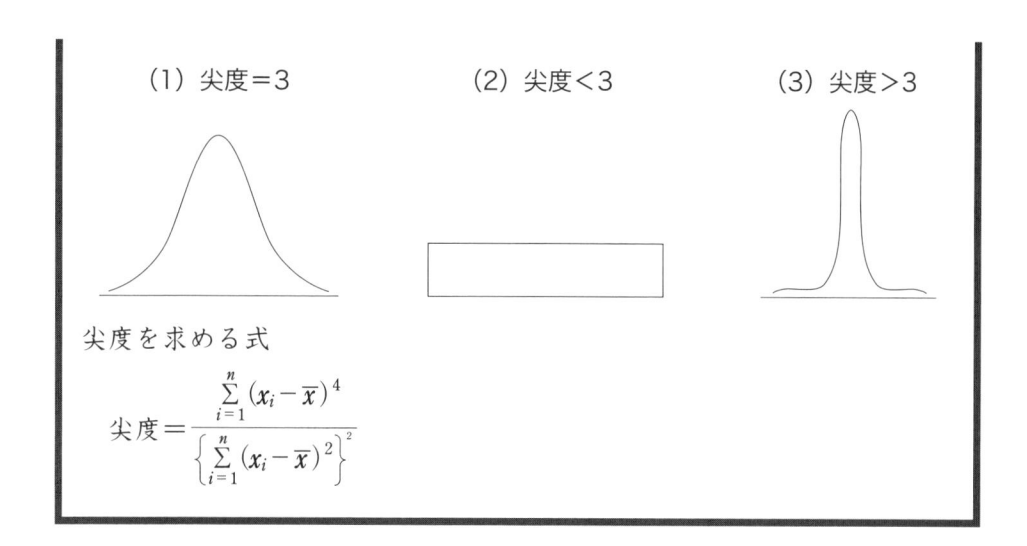

　分布の状態を見る指標として、歪度と尖度という2つの指標があります。歪度・尖度は、そのグラフを正規分布として扱ってよいかの判定に用いることができます。代表値を取り扱う際にも、歪度・尖度に注意が必要です。

　歪度は、分布の左右対称性を見るために用いられます。つまり、これを用いて、左右対称形からの偏りの程度と方向を表すことができます。具体的に示すと、歪度＝0の場合には左右対称のグラフに、歪度＞0の場合には、小さい方の値（左）に偏ったグラフに、歪度＜0の場合には、大きい方の値（右）に寄ったグラフになります。

　もう1つの指標である尖度は、グラフの尖った程度を知るための指標です。この値、すなわち尖度が大きいほどグラフは尖っていることになります。この場合、データが中心に集中していることを表します。尖度の大小による分布の違いを調べるとき、基準とするのは正規分布（次項で解説）で、正規分布より尖度が大きくなると外れ値が存在する確率が大きいことを意味します。尖度の定義式は上記にありますが、基準となる正規分布の尖度の値は通常3をとります。したがって、尖度＝3のときは正規分布と同じ尖りになり、尖度＞3のときは正規分布よりも尖り、尖度＜3のときは正規分布より扁平になります。

身近なことから考えてみると…

東京タワーと東京ドームを比較した場合、尖度が大きいのは東京タワーです。また、山頂が東にずれた山に登ることを考えた場合、歪度の小さい東側から登ると坂が急で登るのは大変ですが、歪度の高い西側から登れば比較的なだらかな坂を登ることができます。

問題

正規性を調べるものとして歪度があるが、これについて説明せよ。

解答

歪度とは、分布の形状を見るときに、左右対称の形態を標準にして、どの程度左右にずれているかを表示するものである。歪度 $= \dfrac{\sqrt{n}\left\{\sum_{i=1}^{n}(x_i-\bar{x})^3\right\}}{\left\{\sum_{i=1}^{n}(x_i-\bar{x})^2\right\}^{\frac{3}{2}}}$ で求められる。歪度＝0のときには左右対称のグラフ、歪度＞0のときにはグラフは小さい方の値（左）に寄り、歪度＜0のときにはグラフは大きい方の値（右）寄りになる。そのため正規分布では左右対称（歪度＝0）になる。

心理統計ではこう使う

あるクラスで学生の満足度を測るテストを行うとき、そのテストの結果がどのあたりの得点に固まっているのかによって、クラスにおける学生の満足度の度合いを知ることができます。さらに正規分布のグラフなのか、あるいは左または右に偏っているかによって、満足度の高低を知ることができます。

Q4　正規分布って何？

正規分布とは
　　数値データの一般的な統計モデル。
正規分布の形状の特徴
　　①歪度が0で左右が対象である。
　　②中央部に度数が集中していて、
　　　中央部に山が1つある。
　　③尖度が3で両方の裾がなだらかに広がっている。

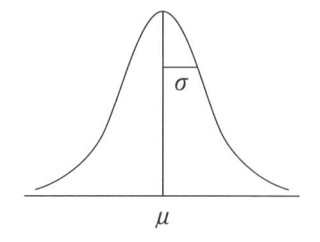

正規分布曲線

正規分布の見方
　　正規分布は尖った部分に横軸である平均値をとる。そこから、左右対称に標準偏差で区切って考える。

正規分布の求め方
$$f(x) = \frac{1}{\sqrt{2\pi\sigma^2}} e^{-\frac{1}{2}\left(\frac{x-\mu}{\sigma}\right)^2}　\begin{cases} \mu = 平均値 \\ \sigma = 標準偏差 \end{cases}$$

正規分布の性質
　①正規分布は数値データの分布モデルとして用いられる。
　②理論的な統計モデルで、分散と平均が決まると形が決まる。
　③正規分布では、分散や平均の値がどの値をとろうとも、以下の区間において次の確率が成り立つ。
$P[\mu - S < X < \mu + S] = 0.683$
$P[\mu - 2S < X < \mu + 2S] = 0.954$
$P[\mu - 3S < X < \mu + 3S] = 0.997$

68.3%
95.4%
99.7%

　正規分布は、数値データの一般的な統計モデルです。数値データの分布モデルとして用いられます。また、理論的な統計モデルでもあり、分散と平均

が決まると形が決まります。

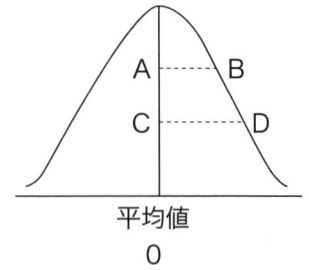

　正規分布であるための必要条件は、歪度が0であり左右が対称であること、中央部に度数が集中していて中央部に山がひとつあること、尖度が3で両方の袖がなだらかに広がっていることです。

　正規分布上における偏差は、平均値に対応する分布の中心を通る線とグラフ上におけるそれぞれの点との長さとして表示されます。

　例えば、右図でいえば、グラフ上の任意の点Bと、中心を通る線との距離AB、グラフ上の点Dの場合にはCDが偏差を表します。

身近なことから考えてみると…

　1学年が5クラスの学校で、クラス分けの際、成績が1番の人から順に1組、2組、3組・・・と割り振っていったとします。このようにして組んだクラスでは、それぞれのクラスの人の理解水準は均等に散らばっています。このような条件でテストを行って、それぞれのクラスの得点をグラフで表した場合、どのクラスも正規分布に近い形となります。

問題

　平均点が58点で、標準偏差が10の正規分布があるとする。この場合、80点以上の人は全体の何パーセントになるか答えよ。

解答

80点以上を見るので、正規分布の片側確率を見る。この場合、

　$Z = \dfrac{80-58}{10} = 2.2$ となるから、

資料1「正規分布の片側確率」を用いると、

　$Z=2.2$ のとき $P=0.014$

ゆえに $P \geqq 0.014$

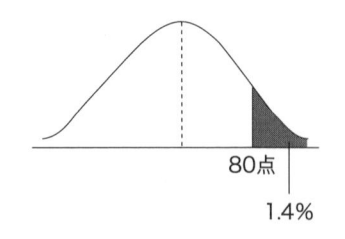

80点
1.4%

つまり1.4％以上。　　　　　　　　　　　　答え　80点以上は全体の1.4％である。

心理統計ではこう使う

　ある会社で、社員100名にストレスに関する心理テストを行った結果を正規分布に表して、ある値をとる部分の面積を求めたりします。これにより、全体の中でどのあたりの位置にあり、どの程度のかたまり具合なのかを知ることができます。

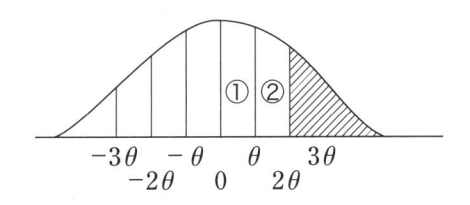

　この場合、①の相対頻度が0.341、②の相対頻度が0.136なので、斜線部分は0.5−(0.341＋0.136)＝0.023となり、2.3％であることが分かります。

Q5 正規分布から標準正規分布への活用とは？

正規分布とは
　①数値データの一般的な統計モデル。
　②平均 μ と分散 S^2（標準偏差 S）をもとに計算できる。
　③左右対称の単峰な形状。
　　縦軸＝その事象の起こりやすさ（確率密度）
　　横軸＝現象

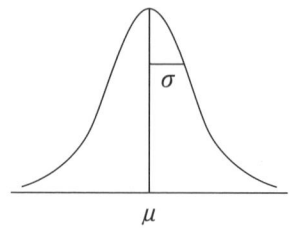

正規分布曲線

標準正規分布とは
　正規分布で、平均が 0 で分散が 1 のもの。

正規分布の式と標準正規分布の式の関係

・正規分布 $f(x) = \dfrac{1}{\sqrt{2\pi\sigma^2}} e^{-\frac{1}{2}\left(\frac{x-\mu}{\sigma}\right)^2}$

$$\begin{cases} \mu = 平均値 \\ \sigma = 標準偏差 \end{cases}$$

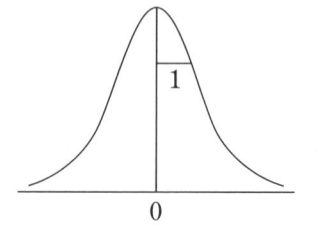

標準正規分布曲線

正規分布は平均値 μ、標準偏差 σ を持つ。記号では $N(\mu, \sigma^2)$。

・標準正規分布 $f(x) = \dfrac{1}{\sqrt{2\pi \times 1}} e^{-\frac{1}{2}\left(\frac{x-0}{1}\right)^2} = \dfrac{1}{\sqrt{2\pi}} e^{-\frac{1}{2}x^2}$ $\begin{cases} \mu = 平均値 \\ \sigma = 標準偏差 \end{cases}$

　正規部分の式に $\mu=0$、$\sigma=1$ を代入。

基準化（標準化）とは
　正規分布として得られたデータを標準正規分布として扱えるようにデータを変換すること。
　$\dfrac{データ値 - 平均値}{標準偏差}$ で表す。

正規分布のグラフを具体的に見てみましょう。前項Ｑ４の図のように、正規分布は、左右対称の単峰な形状をしています。一般に縦軸はその事象の起こりやすさ（確率密度）を示し、横軸は現象を表します。正規分布はヒストグラムをより一般化した形で、ヒストグラムの横幅をできる限り小さく（無限小）したものです。また、平均が０、分散が１の正規分布を特に標準正規分布とします。

　正規分布として得られたデータは、基準化を行うことによって、標準正規分布への変換ができます。基準化（標準化）とは、同じ土俵で計算するために、データの尺度を変換することをいいます。例えば、１～100までの尺度で表記されているほとんどの標準得点は、－３から３の範囲に収まります。元データをXと表記していれば、基準化（標準化）したものはZで表記します。この際、標本データを変換する変換式は、$Z_i = \dfrac{x_i - \overline{x}}{S(x)}$で、$Z$を標準得点あるいは$Z$得点といいます。基準化は、平均や分散が異なるデータを比較する際に重要となります。そして、この変換した値（正規分布を基準化することにより得られた値）をZ得点または標準得点と呼び、この操作をすることによって、相対的にデータを比較できるようになります。なお、基準化の式は、言葉を用いて表すと以下のようになります。

$$基準化の式 = \dfrac{データ値 - 平均値}{標準偏差}$$

身近なことから考えてみると…

　標準正規分布を用いると、例えば、ある商品を作るときに、どれくらい不良品が出るかということを計算することができます。

　製品の高さが平均値300cm、標準偏差が10cmとします。この時、320cm以上は規格外とすると、規格外の製品は1000個中何個出るでしょうか。

　先ほどの基準化の式より、データ値は320とします。代入し、基準化すると次のようになります。

$$\dfrac{320 - 300}{10} = 2$$

　資料１「正規分布の片側確率」を見ると0.023とありますので、1000×

0.023＝23 となります。したがって23個は規格外の製品が発生することになります。

問題

1. ある試験を行った結果、平均が60点、標準偏差が20点だった。90点以上の成績の人は何％か。
2. ある試験を行った結果は正規分布の形をしており、平均40点、標準偏差が10点だった。20点以上60点以下の成績の人は全体の何％か。

解答

1. $\dfrac{90-60}{20} = \dfrac{30}{20} = 1.50$

   $P(1.50)$ だから、資料1「正規分布の片側確率」でZの1.5をとりPの0.00と交差する値を見れば0.067となる。よって$P(1.50) = 0.067$

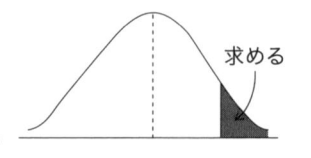

   答え　6.7％

2. 試験の結果は、正規分布 $N(40, 10^2)$ に従う。

   よって基準化をすると、

   $Z = \dfrac{X-40}{10}$ ──①

   は、正規分布 $N(0, 1)$ に従う。また①を変形して、

   $X = 10Z + 40$ ──②

   よって、$P(20 \leq X \leq 60) = P(20 \leq 10Z + 40 \leq 60)$

   $P(20 - 40 \leq 10Z \leq 20)$

   $P(-20 \leq 10Z \leq 20)$

   $P(-2 \leq Z \leq 2)$

   資料1「正規分布の片側確率」より

   $P(2, 0) = 0.023$

   片側なので2倍しなくてはならない。

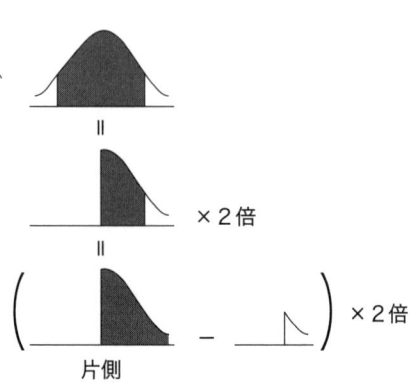

$(0.5 - 0.023) \times 2 = 0.954$ 　　　　　　　　　　答え　95.4%

― 心理統計ではこう使う ―

　心理統計では心を統計するので、得点化した時の基準（単位）が異なります。例えば、ある人の好感度とカリスマ性を比較する時に、正規分布のままでは基準が異なるので、一概に比較ができません。そこで基準化（標準化）を行って、2つの特性を比較できるようにすることが重要になります。

3章 確率・理論分布

この章でやること

Ques.1 指数って何？ ---------------------------------→

Ques.2 対数って何？ ---------------------------------→

Ques.3 Cって何？　Pって何？ ----------------------→

Ques.4 確率って何？ ---------------------------------→

Ques.5 2項分布って何？ ------------------------------→

Ques.6 ポアソン分布って何？ -------------------------→

Ans.1
a を n 個掛け合わせたものを a の累乗または n 乗といい、a^n と表示します。この a に対して n を指数といいます。

Ans.2
正の数 a 及び N が与えられたとき、$N=a^b$ という関係を満足する b の値を、a を底とする N の対数といい、$b=log_a N$ と表示します。

Ans.3
C は組み合わせを表示する場合に使用し、P は順列を表示する場合に使用する記号です。

Ans.4
観測や実験を行う場合、起こりうる場合が n 通りあって、どの場合の起こりうることも同様に確からしく、かつどの2つも重複して起こらないとき、この n 通りの中で、ある事象 E が起こる場合の数が K 通りであるときの $\frac{K}{n}$ のことをいいます。

Ans.5
結果が2種類しかないときの分布です。独立にそれぞれ複数回試行することによって成立します。例えば、コインの裏・表を当てるゲームなどです。

Ans.6
平均だけで分布が定まる単純な分布モデルです。頻度の高くない事象を長時間観察した際に見られます。例えば、携帯電話が普及しているので、1時間あたりの公衆電話利用者数などをあげることができます。

Q1 指数って何？

> 指数とは
> a を n 個掛け合わせたものを、a の累乗または n 乗といい、a^n で表示。この a に対して n を指数という。
>
> 例：$\underbrace{A \times A \times A \times \cdots \cdots A}_{n \text{個}} = A^n$　（呼び方：A の n 乗）
>
> 指数法則
> ① m、n が正の整数のとき
> $A^m \times A^n = A^{m+n}$　　　　$A^m \div A^n = A^{m-n}$
> $(A^m)^n = A^{mn}$　　　　　　　$(A \times B)^m = A^m B^m$
> ② 指数が有理数のとき
> $A^0 = 1$　　　　　　　　　　　$A^{-K} = \dfrac{1}{A^k}$
> $A^{\frac{m}{n}} = \sqrt[n]{A^m}$

　a を n 個掛け合わせたものを a の累乗または n 乗といい、a^n で表します。この a に対して n を指数といいます。

　m、n が正の整数（1、2、3…）のときには、上記①で示した指数法則が成立します。また、指数が有理数（√がつかない数）の場合にも、指数法則は②のように定義することによって成立します。通常、条件がないときには、指数は1でない正の整数です。指数法則は指数が無理数（√がつく数）のときにも成立します。

身近なことから考えてみると…

　「報酬は1円。ただし、1日ごとに前日の倍の報酬を与える。」といった場合の報酬を考えるのには指数が便利です。
　例えば、1日目の報酬は1円、10日目の報酬は 2^9 ＝512円、20日目の報酬は

$2^{19}=524288$円になります。

このような増え方を、「指数関数的に物が増大する」という言葉で表現します。

問題

1．指数法則を使って、次の式を簡単にしなさい。
   ① $a^{\frac{2}{3}} \times a^{\frac{1}{5}}$
   ② $(a^{\frac{1}{2}}b^{-\frac{2}{3}})^{\frac{2}{3}} \times (a^{\frac{1}{3}}b^{\frac{1}{2}})^2$
   ③ $(1+a)^{\frac{1}{2}}$

2．次の値を求めなさい。
   ① $27^{\frac{1}{3}}$　② $\left(\frac{16}{81}\right)^{\frac{1}{2}}$　③ $10000^{0.25}$　④ $6561^{0.125}$

3．次の式を簡単にしなさい。
   ① $(a^{\frac{1}{2}}+b^{\frac{1}{2}})(a^{\frac{1}{2}}-b^{\frac{1}{2}})$
   ② $\left\{a^{\frac{x+y}{z-x}}\right\}^{\frac{1}{y-z}} \times \left\{a^{\frac{z+x}{y-z}}\right\}^{\frac{1}{x-y}} \times \left\{a^{\frac{y+z}{x-y}}\right\}^{\frac{1}{z-x}}$

解答

1．① $a^{\frac{2}{3}} \times a^{\frac{1}{5}} = a^{\frac{2}{3}+\frac{1}{5}} = a^{\frac{10}{15}+\frac{3}{15}} = a^{\frac{13}{15}}$　　　　　　　　　　答え　$a^{\frac{13}{15}}$

   ② $(a^{\frac{1}{2}}b^{-\frac{2}{3}})^{\frac{2}{3}} \times (a^{\frac{1}{3}}b^{\frac{1}{2}})^2 = (a^{\frac{1}{3}}b^{-\frac{4}{9}}) \times (a^{\frac{2}{3}}b) = a^{\frac{1}{3}+\frac{2}{3}} \times b^{-\frac{4}{9}+1} = ab^{\frac{5}{9}}$　　答え　$ab^{\frac{5}{9}}$

   ③ $(1+a)^{\frac{1}{2}} = \sqrt{1+a}$　　　　　　　　　　　　　　　　　　　　　　　答え　$\sqrt{1+a}$

2．① $27^{\frac{1}{3}} = (3^3)^{\frac{1}{3}} = 3^{3 \times \frac{1}{3}} = 3$　　　　　　　　　　　　　　　　　答え　3

   ② $\left(\frac{16}{81}\right)^{\frac{1}{2}} = \left\{\left(\frac{4}{9}\right)^2\right\}^{\frac{1}{2}} = \left(\frac{4}{9}\right)^{2 \times \frac{1}{2}} = \frac{4}{9}$　　　　　　　　　　　答え　$\frac{4}{9}$

   ③ $10000^{0.25} = (10^4)^{0.25} = (10^{4 \times 0.25}) = 10$　　　　　　　　　　答え　10

   ④ $6561^{0.125} = (3^8)^{0.125} = (3^8)^{\frac{1}{8}} = 3^{8 \times \frac{1}{8}} = 3$　　　　　　　　　　答え　3

3．① $(a^{\frac{1}{2}}+b^{\frac{1}{2}})(a^{\frac{1}{2}}-b^{\frac{1}{2}}) = a^{\frac{1}{2}} \times a^{\frac{1}{2}} - a^{\frac{1}{2}} \times b^{\frac{1}{2}} + a^{\frac{1}{2}} \times b^{\frac{1}{2}} - b^{\frac{1}{2}} \times b^{\frac{1}{2}}$

   　$= a^{\frac{1}{2}} \times a^{\frac{1}{2}} - b^{\frac{1}{2}} \times b^{\frac{1}{2}} = a^{\frac{1}{2}+\frac{1}{2}} - b^{\frac{1}{2}+\frac{1}{2}} = a - b$　　　　　　　答え　$a-b$

   ② $a^{\frac{x+y}{(z-x)(y-z)}} \times a^{\frac{z+x}{(y-z)(x-y)}} \times a^{\frac{y+z}{(x-y)(z-x)}}$

$$= a^{\frac{x+y}{(z-x)(y-z)} + \frac{z+x}{(y-z)(x-y)} + \frac{y+z}{(x-y)(z-x)}} = a^{\frac{(x+y)(x-y)+(z+x)(z-x)+(y+z)(y-z)}{(x-y)(y-z)(z-x)}} = a^{\frac{x^2-y^2+z^2-x^2+y^2-z^2}{(x-y)(y-z)(z-x)}}$$

$$= a^{\frac{0}{(x-y)(y-z)(z-x)}} = a^0 = 1 \qquad\qquad 答え\quad 1$$

― 心理統計ではこう使う ―

　心理統計では χ^2 検定や分散分析などの中で、指数関数が使われます。また、感覚と刺激の分野にあるスティーブンスの法則でも用いられます。なお、スティーブンスの法則は、感覚量は刺激量の n 乗に比例するというもので、以下の式になります。

　$E = KI^n$

　（この場合、K は定数、感覚の大きさは E、刺激量は I である）

Q2 対数って何？

対数とは
　正の数 a および N が与えられたとき、$N=a^b$ という関係を満足する b の値を a を底とする N の対数という。
　また $\log_a b$ とした場合の、a を底、b を真数という。

対数の性質
　基本となる対数の値

$$\log_a 1 = 0 \qquad \log_a a = \frac{\log a}{\log a} = 1 \qquad \frac{\log a^m}{\log a^n} = \frac{m \log a}{n \log a} = \frac{m}{n}$$

　基本公式
　① $\log_a mn = \log_a m + \log_a n$
　② $\log_a \dfrac{n}{m} = \log_a n - \log_a m$
　③ $\log_a m^n = n \log_a m$
　④ $\log_a b = \dfrac{\log b}{\log a}$　　　　　　　　※ $m>0$、$n>0$ のとき

指数と対数の関係
　対数は指数の乗数、つまり a^n の n の部分をなくして計算を簡略化したもの。
　$a^n = b$ より、n の値を求めるときにも使い、$n = \log_a b$ となる。

　正の数 a および N が与えられているとき、$N=a^b$ という関係を満足する b の値を、a を底とする N の対数といい、$b = \log_a N$ と表示します。
　また、$m>0$、$n>0$ のとき上記に示した基本公式が成立します。通常 log の底が表示されていない場合は、底＝10 とみなすという約束があり、これを常用対数といい、数計算を行う場合に用いられます。常用対数を用いると上記でも示したように、$\log_{10} 1 = 0$、$\log_{10} 10 = 1$、$\log_{10} 1000 = 3$、$\log_{10} 0.01 = -2$ とな

ります。したがって、$\log_{10}2 = 0.301$、$\log_{10}3 = 0.477$ のとき、$\log_{10}600 = \log_{10}6 + \log_{10}100 = \log_{10}6 + \log_{10}10^2 = \log_{10}6 + 2\log_{10}10 = \log_{10}6 + 2 = \log_{10}2 + \log_{10}3 + 2 = 0.301 + 0.477 + 2 ≒ 2.778$ と近似値を求めることができます。

身近なことから考えてみると…

　菌の分裂の様子を考えてみましょう。1回目の分裂で、1体の個体が2体の個体になる場合、2回目の分裂で、2体の個体が4体の個体となります。そして3回目の分裂で、4体の個体が8体の個体になります。

　このような分裂を考えるとき、分裂回数が分かっていれば、指数の考え方で菌の総数を求めることができ、逆に菌の総数が分かっていれば、対数の考え方で分裂回数を求めることができます。

問題

1. 次の値を求めなさい。
　① $\log_3 81$　② $\log_4 0.25$　③ $\log_4 256$　④ $\log_{10} 0.001$

2. 次の式を簡単にしなさい。
　① $\log_2 \sqrt{\dfrac{7}{48}} + \log_2 12 - \dfrac{1}{2}\log_2 42$

　② $(\log_2 3 + \log_4 9)(\log_3 4 + \log_9 2)$

　③ $\log_2 3 \cdot \log_7 8 \cdot \log_{243} 343$

3. $\log_{10}2 = 0.3010$、$\log_{10}3 = 0.4771$ のとき次の値を求めなさい。
　① $\log_{10} 200$　② $\log_{10} \sqrt[3]{12}$

解答

1. ① $\log_3 81 = \log_3 3^4 = 4\log_3 3 = 4 \times \dfrac{\log 3}{\log 3} = 4 \times 1 = 4$　　　　　答え　4

　② $\log_4 0.25 = \log_4 \dfrac{1}{4} = \log_4 4^{-1} = -1$　　　　　　　　　　答え　1

　③ $\log_4 256 = \log_4 4^4 = 4$　　　　　　　　　　　　　　　　　　答え　4

　④ $\log_{10} 0.001 = \log_{10} 10^{-3} = -3$　　　　　　　　　　　　　答え　-3

2．① $log_2\sqrt{\frac{7}{48}} + log_2 12 - \frac{1}{2}log_2 42$

$= \frac{1}{2}log_2\frac{7}{48} + (log_2 4 + log_2 3) - \frac{1}{2}(log_2 7 + log_2 6)$

$= \frac{1}{2}(log_2 7 - log_2 48) + (log_2 2^2 + log_2 3) - \frac{1}{2}log_2 7 - \frac{1}{2}log_2 6$

$= \frac{1}{2}log_2 7 - \frac{1}{2}log_2 48 + 2 + log_2 3 - \frac{1}{2}log_2 7 - \frac{1}{2}(log_2 3 + log_2 2)$

$= -\frac{1}{2}(log_2 16 + log_2 3) + 2 + log_2 3 - \frac{1}{2}log_2 3 - \frac{1}{2}$

$= -\frac{1}{2}log_2 2^4 - \frac{1}{2}log_2 3 + 2 + log_2 3 - \frac{1}{2}log_2 3 - \frac{1}{2}$

$= -2 + 2 - \frac{1}{2} = -\frac{1}{2}$ 答え $-\frac{1}{2}$

② $(log_2 3 + log_4 9)(log_3 4 + log_9 2)$

$= \left(\frac{log 3}{log 2} + \frac{log 9}{log 4}\right)\left(\frac{log 4}{log 3} + \frac{log 2}{log 9}\right)$

$= \frac{log 3}{log 2} \times \frac{log 4}{log 3} + \frac{log 3}{log 2} \times \frac{log 2}{log 9} + \frac{log 9}{log 4} \times \frac{log 4}{log 3} + \frac{log 9}{log 4} \times \frac{log 2}{log 9}$

$= \frac{log 4}{log 2} + \frac{log 3}{log 9} + \frac{log 9}{log 3} + \frac{log 2}{log 4} = \frac{log 2^2}{log 2} + \frac{log 3}{log 3^2} + \frac{log 3^2}{log 3} + \frac{log 2}{log 2^2}$

$= \frac{2log 2}{log 2} + \frac{log 3}{2log 3} + \frac{2log 3}{log 3} + \frac{log 2}{2log 2} = 2 + \frac{1}{2} + 2 + \frac{1}{2} = 5$ 答え 5

③ $log_2 3 \cdot log_7 8 \cdot log_{243} 343 = \frac{log 3}{log 2} \times \frac{log 8}{log 7} \times \frac{log 343}{log 243} = \frac{log 3}{log 2} \times \frac{log 2^3}{log 7} \times \frac{log 7^3}{log 3^5} = \frac{9}{5}$ 答え $\frac{9}{5}$

3．① $log_{10} 200 = log_{10} 2 + log_{10} 100 = log_{10} 2 + log_{10} 10^2 = log_{10} 2 + 2 = 0.3010 + 2 = 2.03010$ 答え 2.03010

② $log_{10} \sqrt[3]{12} = \frac{1}{3}log_{10} 2^2 \cdot 3 = \frac{1}{3}(2log_{10} 2 + log_{10} 3) = \frac{1}{3}(0.6020 + 0.4771) = \frac{1}{3} \times 1.0791 = 0.3597$ 答え 0.3597

心理統計ではこう使う

　対数は、心理統計の分野ではフェヒナーの法則などで使います。フェヒナーの法則は、刺激量と感覚量の関係を法則化したもので、大変微小な刺激の増加量 di と大変微小な感覚の大きさ dE との間には、$dE = \frac{kdi}{l}$（ここでの k は定数）という関係が見られます。E を求めるためにこれを積分する必要があり、このときに $E = k\,log\,l + C$（ここでの C は積分定数）となり、対数を用います。

Q3 Cって何？ Pって何？

C とは
　組み合わせを表す。例えば5人の中から3人を選び出すなど。
P とは
　順列を表す。例えば5人の中から3人を選び出して、1人を委員長、もう1人を副委員長、1人を書記にする場合など。
定式
　① n 個の異なるものから r 個をとる組み合わせ。
$$_nC_r = \frac{_nP_r}{r!} = \frac{n(n-1)(n-2)\cdots(n-r+1)}{r!}$$
　② n 個の異なるものから任意に r 個とって一列に並べた順列
$$_nP_r = n(n-1)(n-2)\cdots(n-r+1)$$
！（階乗）とは
　ある値から1までの各数値を全て掛け合わせるというもの。
　例：$1! = 1$
　　　$2! = 2 \times 1$
　　　$3! = 3 \times 2 \times 1$
　　　$4! = 4 \times 3 \times 2 \times 1$
二項定理
　二項多項式 $x+y$ の n 乗 $(x+y)^n$ の展開（二項展開）を表す公式。自然数 n について、$(x+y)^n = \sum_{r=0}^{n} {_nC_r} x^r y^{n-r}$ が成立することを利用して計算を行う定理。
　n を任意の自然数とすれば
$$(1+x)^n = \sum_{k=0}^{n} {_nC_k} x^k = {_nC_0} + {_nC_1} x + \cdots\cdots + {_nC_n} x^n$$
$$(a+b)^n = \sum_{k=0}^{n} {_nC_k} a^{n-k} b^k = {_nC_0} a^n + {_nC_1} a^{n-1} b + \cdots + {_nC_n} b^n$$

C、Pという記号は、確率、統計などでよく用いられます。Cは組み合わせを意味し、Pは順列を意味します。

　組み合わせは、n個のものからr個を選び出す場合で、順番を問題にしない場合に使用します。例えば、「【2・5・7・8】という4つの異なる数字から3つの数字を選ぶ場合」などは、【2・5・7】でも【7・5・2】でも、選んだ数字には変わりはないので、順番は問題になりません。この場合 ${}_4C_3 = \dfrac{{}_4P_3}{3!} = \dfrac{4 \times 3 \times 2}{3 \times 2 \times 1} = 4$ となり、4通りとなります。

　順列は、n個のものからr個を選び出す場合で、順番を問題にする場合に使用します。例えば、「【2・5・7・8】という4つの異なる数字から3つの数字を選んで3桁の数を作る場合」などは、【2・5・7】【5・7・2】【7・5・2】それぞれ数の大きさが異なり、順番が問題となります。この場合、${}_4P_3 = 4 \times 3 \times 2 = 24$ となり、24通りとなります。

　二項定理とは、二項多項式$x+y$のn乗 $(x+y)^n$ の展開（二項展開）を表す公式です。自然数nについて、$(x+y)^n = \sum\limits_{r=0}^{n} {}_nC_r x^r y^{n-r}$ が成立することを利用して計算を行う定理です。二項定理における各係数（二項係数）は、下の図のような有名なパスカルの三角形を用いて求めることができます。

```
(a+b)  = [1]a  + [1]b
(a+b)² = [1]a² + [2]ab  + [1]b²
(a+b)³ = [1]a³ + [3]a²b + [3]ab²  + [1]b³
(a+b)⁴ = [1]a⁴ + [4]a³b + [6]a²b² + [4]ab³  + [1]b⁴
(a+b)⁵ = [1]a⁵ + [5]a⁴b + [10]a³b² + [10]a²b³ + [5]ab⁴ + [1]b⁵
```

```
          1  1
         1  2  1
        1  3  3  1
       1  4  6  4  1
      1  5 10 10  5  1
```

身近なことから考えてみると…

　例えば、30人のクラスで3人の委員を選ぶときには ${}_{30}C_3$ となり、組み合わせを考えることになります。また、同じクラスで、学級委員1人、副学級委員1人、書記1人を選ぶ場合には ${}_{30}P_3$ となり、この場合は順列を考えることになります。

問題

以下の計算をせよ。

① $_8P_8$ ② $_5C_3$ ③ $_3P_2$ ④ $_3C_2$ ⑤ $_7P_3$

⑥ $\dfrac{_9C_5 \times 9}{9!}$ ⑦ $_4C_2 \times {_8C_1}$ ⑧ $\dfrac{_8C_2 \times {_6C_2}}{_{14}C_4}$

解答

① $_8P_8 = 8 \times 7 \times 6 \times 5 \times 4 \times 3 \times 2 \times 1 = 40320$　　　　答え　40320

② $_5C_3 = \dfrac{_5P_3}{3!} = \dfrac{5 \times 4 \times 3}{3 \times 2 \times 1} = 10$　　　　答え　10

③ $_3P_2 = 3 \times 2 = 6$　　　　答え　6

④ $_3C_2 = \dfrac{_3P_2}{2!} = \dfrac{3 \times 2}{2 \times 1} = 3$　　　　答え　3

⑤ $_7P_3 = 7 \times 6 \times 5 = 210$　　　　答え　210

⑥ $\dfrac{_9C_5 \times 9}{9!} = \dfrac{\left(\dfrac{9 \times 8 \times 7 \times 6 \times 5}{5 \times 4 \times 3 \times 2 \times 1}\right) \times 9}{9 \times 8 \times 7 \times 6 \times 5 \times 4 \times 3 \times 2 \times 1} = \dfrac{1}{320}$　　　　答え　$\dfrac{1}{320}$

⑦ $_4C_2 \times {_8C_1} = \dfrac{_4P_2}{2!} \times \dfrac{_8P_1}{1!} = \dfrac{4 \times 3}{2 \times 1} \times \dfrac{8}{1} = \dfrac{96}{2} = 48$　　　　答え　48

⑧ $\dfrac{_8C_2 \times {_6C_2}}{_{14}C_4} = \dfrac{\left(\dfrac{8 \times 7}{2 \times 1}\right) \times \left(\dfrac{6 \times 5}{2 \times 1}\right)}{\left(\dfrac{14 \times 13 \times 12 \times 11}{4 \times 3 \times 2 \times 1}\right)} = \dfrac{420}{1001} = \dfrac{60}{143}$　　　　答え　$\dfrac{60}{143}$

心理統計ではこう使う

例えば尖度を求める式 $\dfrac{\sum\limits_{i=1}^{n}(x_i - \overline{x})^4}{\left\{\sum\limits_{i=1}^{n}(x_i - \overline{x})^2\right\}^2}$ の、$(x_i - \overline{x})^4$ などを求めるときに、二項定理の公式を使用すると簡単に値を求められます。

Q4 確率って何？

数学的確率 (P) とは

仮定により導き出される、n 回の試行の結果起こりうる事象 N 通りのうち事象 E が現れる割合。

$P(E) = \dfrac{N}{n}$ と表す。

式の意味は、「試行の結果起こりうる全ての事象が N 通り、ある事象 E が起こる場合が n 通り」という意味。
- $P(E) = 0$　　　　　⇒事象 E は全く起こらない
- $P(E) = 1$　　　　　⇒事象 E は必ず起こる。
- $P(E)$ の存在範囲　　⇒ $0 \leq P(E) \leq 1$

統計的確率とは

ある試行を繰り返したときに、事象 E が現れる割合。
$\dfrac{r}{n} \fallingdotseq P$（一定　※$r$ は事象 E の起こる回数）とみなすことができるとき、P を事象 E の統計的確率という。

式の意味は、「十分に大きな n に対して、事象 E が起こる相対度数」という意味。

大数の法則とは

コイン投げで表が出る確率を考えた場合、数学的確率では $\dfrac{1}{2}$ と仮定して計算を行う。統計的確率では、試行した結果によって確率を出す。大数の法則とは、統計的確率を求める際に、試行回数（n）が多ければ多いほど、投げた回数に対する表の出る相対的な割合が $\dfrac{1}{2}$ に近づくことをいう。

　確率には2つの意味があります。それは数学的確率と統計的確率です。
　数学的確率は先験的確率ともいい、試行の結果、起こりうる全ての場合（事象）が N 通りあり、その N 通りの事象が2つ以上同時に起こることはな

く、その各事象の発生程度が同程度に確からしいことが前提となります。式で表すと、

$$P(E) = \frac{n}{N}$$ ※nは、ある事象Eが起こる場合がn通りとした場合

となります。

もし、$P(E)=0$であれば、事象Eは全く起こらないことを示し、$P(E)=1$であれば、事象Eが必ず起こることを意味します。よって、$P(E)$は必ず0以上1以下（$0 \leq P(E) \leq 1$）の範囲に存在します。

統計的確率とは、十分に大きなnに対して、事象Eが起こる相対度数が$\frac{r}{n}=P$（一定）とみなせる場合、Pを事象Eの統計的確率といいます。また、相対度数とは、事象Eが、n回の試行がr回起こるということを意味し、ここでは$\frac{r}{n}$となります。また、経験的確率と呼ぶこともあります。

両者の違いは、数学的確率が紙面上で考えることができるのに対し、統計的確率は事象Eの結果として確率が求められることです。また、両者の関係には大数の法則というものがあり、それは事象Eの起こる数学的確率を$P(E)$として、統計的確率の相対度数$\frac{r}{n}$のnを十分大きくすれば$\frac{r}{n} \doteqdot P(E)$となるというものです。

身近なことから考えてみると…

日本人が日本国内で交通事故で死亡する確率を見るときなどに使います。

例えば、計算を簡単にするために、日本人の人口を12000万人として、年間死者数を6000人とすれば

$6000 \div 120000000 \times 100 = 0.005$ 0.005％となります。

問題

1. 現在、兄は25歳、弟は20歳である。下記のデータを使って、45年後に兄弟が生存している確率を求めなさい。
2. 現在、姉は35歳、妹は30歳である。下記のデータを使って以下の問いに答えなさい。

①姉妹が共に30年後まで生存する統計的確率を求めなさい。
　②姉妹の少なくとも1人が30年後まで生存する統計的確率を求めなさい。
3．下記のデータを使って以下の問いに答えなさい。
　①新生児が55歳まで生存する統計的確率を求めなさい。
　②15歳まで生存した者が60歳まで生存する統計的確率を求めなさい。
　③60歳まで生存した者が15年以内に死亡する統計的確率を求めなさい。

データ　年齢と生存者

年齢	生存者	年齢	生存者	年齢	生存者
0	100,000	30	93,950	55	78,350
10	96,453	35	92,363	60	69,384
15	95,761	40	90,629	65	60,293
20	95,075	45	86,354	70	52,695
25	94,836	50	83,060	75	48,329

4．1枚のコインを2回投げたときの確率について考えると、（2回とも表）（表、裏1回ずつ）（2回とも裏）の3つの場合がある。このうち少なくとも1回表がでる場合は、2つの場合があるから、求める確率は$\frac{2}{3}$である。この判断は真か偽か？
5．ある事象が起こる確率が0.1またはそれ以下のとき、そのような事象は「珍しい」とする。6人の兄弟の中で男子が5人またはそれ以上ということは珍しいといえるか。ただし、男子の生まれる確率を0.5とする。

解答

1．45年後に兄は70歳、弟は65歳になる。したがって、兄が45年後生存している統計的確率は、

$52695 \div 94835 \fallingdotseq 0.556$

弟が45年後まで生存している統計的確率は、

$60293 \div 95075 \fallingdotseq 0.634$

となる。ゆえに共に45年後まで生存する確率は、互いに独立と考えて、

$0.556 \times 0.634 \fallingdotseq 0.35$　　　　　　　　　　　　　　　　　　　答え　0.35

2．①姉は30年後に65歳、妹は60歳になる。したがって姉が65歳まで生存している統計的確率は、

$60293 \div 92363 \fallingdotseq 0.653$

妹が60歳まで生存している統計的確率は、

$69384 \div 93950 \fallingdotseq 0.739$

以上より求める確率は、

$0.653 \times 0.739 \fallingdotseq 0.48$　　　　　　　　　　　　　　　　　　答え　0.48

②姉妹の少なくとも1人が30年後まで生存する事象は、30年後までに2人が共に死亡することの余事象である。したがって、

$1-(1-0.653)(1-0.739) \fallingdotseq 0.91$　　　　　　　　　　　　　　答え　0.91

3. ①55歳で生存している人が78,350人で新生児が100,000人だから、新生児が55歳まで生存する確率は、

$78350 \div 100000 \fallingdotseq 0.7835$　　　　　　　　　　　　　　　　答え　0.784

②$69384 \div 95761 \fallingdotseq 0.724$　　　　　　　　　　　　　　　　　答え　0.724

③60歳の人が69,384人で、15年以内に死亡する人は、

$69384-48329=21055$

したがって死亡確率は、

$21055 \div 69384 \fallingdotseq 0.303$　　　　　　　　　　　　　　　　　答え　0.303

4. 1枚のコインを投げた場合、表と裏の出る場合は同じ程度に確からしいと考慮される。そこで、コインを2回投げた場合、表と裏の出方に関しては、4通りすなわち、(表・表)(裏・表)(表・裏)(裏・裏)が同程度に確からしいと考えられる。以上のことより、少なくとも1回表が出る確率は、$\frac{3}{4}$ と考えられる。したがって、問題とされている判断は正しくない。ゆえに、偽である。

答え　偽

5. 男子の生まれる確率が0.5であるから、女子の生まれる確率は、

$1-0.5=0.5$

である。6人の兄弟の中で、男子5人の確率は、

$_6C_5 \times 0.5^5(1-0.5) = \frac{_6P_5}{5!} \times 0.5^6 = \frac{6 \times 5 \times 4 \times 3 \times 2}{5 \times 4 \times 3 \times 2 \times 1} \times 0.5^6 = 6 \times 0.5^6$

　　　　$\fallingdotseq 0.09375$

6人兄弟で全員が男子の確率は、

$_6C_6 \times 0.5^6 = \frac{_6P_6}{6!} \times 0.5^6 = \frac{6 \times 5 \times 4 \times 3 \times 2 \times 1}{6 \times 5 \times 4 \times 3 \times 2 \times 1} \times 0.5^6$

　　　　$\fallingdotseq 0.015625$

よって、6人の兄弟の中で男子が5人以上の確率は、

0.09375 + 0.015625 ≒ 0.109375

確率の値が0.1より大きいので珍しい事象とはいえない。　　　答え　珍しいとはいえない

心理統計ではこう使う

　心理統計における確率は、現実と理論の差を検定する（正しいかどうかを調べる）ために用います。

　化学や物理の実験では、記述統計の考えが主流となりますが、心理統計では推測統計が主流です。推測統計では、推定対象は母集団の標本であり、測定の基準（もしくは差を考察するための基準）となるのは、期待値を含めた数学的確率となります。このときの数学的確率は一般に、全ての組み合わせからのある事象の組み合わせの確率なので、いわゆる何者にも左右されない値です。しかし心理統計における推測統計では、その母集団が測定する事象に対して、ある志向を持っているかどうかなどの曖昧なものを検定するので、数学的確率を用いて、どの程度ズレがあるかを推定できるのです。

Q5　2項分布って何？

2項分布とは
　結果が2種類しかない場合の分布。1回の試行 T で生じる現象 E の確率を p とするとき、T を独立に n 回繰り返して試行する場合、E が X 回生じる確率分布のこと。

確率分布とは
　母集団の中にどれだけそれが散らばっているかという分布状態。

X の確率分布（2項分布）
　$f(X) = {}_nC_x p^x q^{n-x}$　—①
　$B(n, p)$
　2項分布 $B(n, p)$ において $p+q=1$

　2項分布というのは、結果が2種類しかないときの分布です。①同じ条件で、②独立に、③複数回、試行することが2項分布が成立する条件として必要です。独立とは、前の実験が次の実験結果に影響を与えないことを意味します。

　コインの裏表を当てるゲーム、丁か半でサイコロの出目を当てるゲーム…時代劇に出てくるあれですね、それらも2項分布です。では2項分布の条件を確認してみましょう。両者とも、結果は表か裏か、丁か半かの2つです。また、実験についても、コインの例では、前の実験で表が出ようと裏が出ようと、次に表が出る確率は $\frac{1}{2}$ です。サイコロの出目についても同じで、前の実験結果は次の実験結果に影響しません。つまり両者とも2項分布の条件に沿っているのです。

　さて、2項分布についてのイメージはできてきたと思いますので、ここで少し一般的な話をしましょう。先の例では、表もしくは裏が出る確率は、両者とも $\frac{1}{2}$ でしたが、常に $\frac{1}{2}$ である必要はありません（じゃんけんなどでは勝率は $\frac{1}{3}$ です）。一般的には、一方の事象 E が起こる確率を p とすると、もう片方の

事象E'の起こる確率qは$(1-p)$で表示されます。また、実験の回数nも重要なファクターとなります。ここで事象Aの起こる確率に注目すると、その確率変数Xは次式で表示されます。

$$P(X=K) = {}_nC_k p^k (1-p)^{n-k}$$　　※ここでkは実数値になります。

この式が、Xの確率分布を表す公式になります。

身近なことから考えてみると…

先ほども紹介しましたが、サイコロを投げて特定の目が出る確率を考えて見ましょう。

いま、サイコロを10回投げたとき、3の目の出る確率の平均値を考えると、3の目の出る確率は$\frac{1}{6}$、10回試行するのだから、nは10となります。2項分布では、これを$\left(10, \frac{1}{6}\right)$と表示し、$10 \times \frac{1}{6} = \frac{10}{6}$と出します。

2項分布を用いて、平均値と標準偏差を求めることもできます。

一般的に平均値と標準偏差が、2項分布をなしている場合の導出公式は以下のようになります。

平均値　　$\mu = \sum_{x=0}^{n} X_n C_x p^x q^{n-x} = np$　　　　　　　　　―①

標準偏差　$SD = \sqrt{\sum_{x=0}^{n} (x-np)^2 {}_nC_x p^x q^{n-x}}$　　　　　―②

　　　　　　$= \sqrt{npq}$

上で用いた例に当てはめると、$n=10$、$p=\frac{1}{6}$なので、平均値μは①式より、$10 \times \frac{1}{6} = \frac{10}{6} = 1.67$となります。標準偏差$SD$は②式より、$1.178 \fallingdotseq 1.18$となります。

問題

1. サイコロを30回投げて5の目が出る回数に関しての平均値と標準偏差を求めなさい。
　　①平均値　　②標準偏差
2. 4個のサイコロを同時に投げる試行を180回繰り返すとき、次の値を求

めなさい。
① 4個とも1の目が出る回数Xの平均値を求めよ。
② 4個のうち2個が奇数、2個が偶数の目が出る回数Xの平均値を求めよ。

解答

1. ① $\mu = 30 \times \dfrac{1}{6} = 5$ 　　　　　　　　　　　　　　　　　　　答え　5

    ② $SD = \sqrt{30 \times \dfrac{1}{6} \times \dfrac{5}{6}} = \sqrt{\dfrac{25}{6}} = \dfrac{5\sqrt{6}}{6} ≒ 2.04$ 　　　　　　答え　2.04

2. ① 4個とも1の目が出る確率 $= \left(\dfrac{1}{6}\right)^4$

    この場合、$B\left(180, \dfrac{1}{6^4}\right)$ より

    平均値　$\mu = 180 \times \dfrac{1}{6^4}$　$m = \dfrac{5}{36} ≒ 0.14$ 　　　　　　　　答え　0.14

    ② ${}_4C_2 \left(\dfrac{3}{6}\right)^2 \left(1 - \dfrac{3}{6}\right)^2 = \dfrac{3}{8}$ より、$B\left(180, \dfrac{3}{8}\right)$ となる。

    その平均　$\mu = 180 \times \dfrac{3}{8} ≒ 67.5$ 　　　　　　　　　　　　答え　67.5

心理統計ではこう使う

　　1組の標本が2つのカテゴリーに分類される場合、その2つのカテゴリーの生じる頻度が、確率で計算される期待値（データの平均に対応する理論的な分布の平均）と等しいかどうかを検討する場合に用いるのが2項検定で、このときの期待値は2項分布によって求められます。

　　期待値とは、ある事象が起こる確率に対して、試行回数を掛けたものです。例えばじゃんけんにおいて、無作為にグー・チョキ・パーを選択するようにプログラミングされたコンピュータがあるとします。このとき、第1回の試行でコンピュータがグーを出す確率は$\dfrac{1}{3}$で、期待値も$\dfrac{1}{3}$となります。連続して9回の試行を行った場合、期待値は3になります。つまり9回のうち3回はグーを出すと期待できるといえるのです。このようにグーを出す確率は常に$\dfrac{1}{3}$ですが、期待値はその試行回数によって変化していきます。

Q6　ポアソン分布って何？

ポアソン分布とは
- 起こることが頻繁ではない事象の一定時間内の生起回数の確率分布。
- 平均だけで分布が決まる単純なモデル。
- 平均 μ、分散も μ（重要）である確率分布。
- $P(X=k) = \dfrac{e^{-\mu}\mu^k}{k!}$　（$\mu > 0$）

ポアソン分布の確率関数
　$P(X=k)$

特徴
① ポアソン分布に従う確率変数の平均 μ ＝分散になる。
② 頻度の高くない事象を長時間観察した際の分布（例：20分間の入場者の数）。
③ 信頼性計算で、一定期間内に機器が故障する（故障しない）確率を調べるために用いることもできる。

2項分布との関係
　2項分布の極限の形がポアソン分布。

　ポアソン分布というのは、単位時間内に特定の事象が独立に起こる回数 $P(X=k)$ を表示する分布の一種で、この場合の平均を μ とすると、$P(X=k) = \dfrac{e^{-\mu}\mu^k}{k!}$ で表示されます。

　このポアソン分布は、頻度の高くない事象を長時間観察したときによく見られます。例えば、最近は携帯電話が普及して、公衆電話を使用する人はほとんどいません。ですから、1時間あたりに、ある公衆電話を利用する人の数などを、ポアソン分布が見られる例としてあげることができます。この分布の特徴は、確率変数の分布の平均 μ が分散に等しくなることです。

また、ポアソン分布は、2項分布の極限の形です。つまり、2項分布の平均 $np=\mu$（一定）を満たしつつ、n を限りなく大きくして、p を限りなく 0 に近づけるとポアソン分布になります。

身近なことから考えてみると…

　ごくまれに起こる偶発的な現象は、ポアソン分布に従うことが多く見られます。例えば、ある町で1日あたりに発生する火災の件数、1日の自殺者数や、1日の交通事故数などです。

　交通事故は、1件だけの日もあれば、1日で1000件起こる日もあるかもしれません。このように、起こる確率が0ではない離散値の分布で、平均値が少ない方にあり、無限大まで分布が続く場合の分布をポアソン分布といいます。

問題

1. 当たりくじつきのアイスクリームの当たりの確率が0.1%である。このとき、アイスクリーム200個について次の場合を考えなさい。
   200個の山の中に当たりが2個以上入っている確率
2. 不良品になる確率が0.5%である製品の山がある。その山から500個を取り出したとき、不良品が5個未満である確率を求めなさい。

解答

1. 当たりのアイスクリームの個数を X とすると、X の分布は2項分布 $B(200, 0.001)$ となるが、$n=200$ は十分大きく $p=0.001$ は十分に小さいので、近似値的に
   $M=200\times 0.001=0.2$ のポアソン分布になる。
   資料6「ポアソン分布の上側確率」より、$Q(2, 0.2)$ を求めると、
   $Q(2, 0.2)=0.017523$　　　　　　　　　　　　　　　　　　答え　0.01752
2. 不良品の個数を X とすると、X の分布は二項分布 $B(500, 0.005)$ である。しかし、$n=500$ は十分に大きく、$P=0.005$ は小さいので近似値的に $\mu=500\times 0.005=2.5$ のポアソン分布と考えられる。

資料6「ポアソン分布の上側確率」より、

不良品が5個以上になる確率 $Q(5, 2.5)$ は、$Q(5, 2.5) = 0.108822$ となるので

不良品が5個未満になる確率 $P(x<5) = 1 - 0.108822 = 0.891178$ 答え　0.891178

― 心理統計ではこう使う ―

　心理統計でポアソン分布を使用することは少ないかもしれません。仮に当てはめてみるならば、例えば不安であるとか恐怖心といった特定の心理状況を与えられた標本群のうちで、その後の行動を観察した場合、ある特殊な行動（例えば笑い続けるなど）を生起する回数もしくは人数などがあてはまります。

4章　推測統計

この章でやること

Ques.1 推測統計と記述統計の違いは？ ┈┈┈┈┈┈➤

Ques.2 サンプリングって何？ ┈┈┈┈┈┈┈┈➤

Ques.3 標本分布って何？ ┈┈┈┈┈┈┈┈┈➤

Ques.4 自由度って何？ ┈┈┈┈┈┈┈┈┈┈➤

Ques.5 帰無仮説とは？ 対立仮説とは？ ┈┈┈┈➤

Ques.6 有意差、有意水準、棄却域って何？ ┈┈┈➤

Ans.1
推測統計とは、標本から確率論的に母集団の特性について推測することです。記述統計とは、得られたデータの特徴をヒストグラム、相関図、クロス表や平均値、標準偏差を用いて客観的・効率的に記述するための方法です。

Ans.2
標本調査を行う際、何らかの基準に応じて母集団である標本対象集団から、部分要素や集合に対して観測を行うために選ばれた要素や部分集合を、選び出す手続きです。標本抽出ともいいます。

Ans.3
集計したデータ量の変動の状況に法則性が認められ、理論分布の形で表示することができるもののことをいいます。

Ans.4
統計量を算出する際に、自由に値を変化させることができるデータの個数のことをいいます。

Ans.5
帰無仮説とは、研究仮説が正しいことを主張するために立てた、後で否定することを目的とした、研究仮説とは逆の仮説。対立仮説とは、統計的検定を行う際に帰無仮説を立てますが、これを中心に考えれば帰無仮説に対立する仮説が対立仮説。この場合、研究仮説が対立仮説になります。

Ans.6
有意差とは、2つの測定値の間に見られる差が、偶然でなく意味のある差である場合をいいます。有意水準とは、帰無仮説を棄却して対立仮説を採用する際に、研究者間において判断の基準となる確率をいいます。棄却域とは、検定の統計量が、その領域に入った場合、帰無仮説を棄却できる領域です。

Q1 推測統計と記述統計の違いは？

推測統計とは
　標本すなわち一部のデータから、確率論的に母集団の特性について推測する方法。
記述統計とは
　得られたデータの特徴をヒストグラム、相関図、クロス表、平均値、標準偏差などを用いて客観的に記述するための方法。
推測統計が必要な理由
　①母集団の特性をすべて正確に調査すると、時間と労力と費用を多大に要するため。
　②人間の生起する反応は、環境や心理状態によって相違があるため。
　③ある時点・条件の下で測定した個人の反応は、個人に生じる無限の反応の一事例にすぎず、かつ母集団全体を正確に調べることは不可能なため。
　④心理学が研究対象としている人間の行動原理や普遍的な特性を調べるにあたり、母集団である人間は無限と考えていいほどたくさんおり、すべての人を調べるのは不可能なため。
　※母集団…特定のテーマ研究で検討しようとする対象全体
　※標　本…母集団から抽出した一部の対象データ
推測統計の種類
　・統計的推定…一部データである標本の値から、母集団の値を確率論的に推定する方法。
　・統計的検定…問題となっている標本の母集団に関して、条件の間に差があるかどうかを確率論的に判断する方法。

　これまでは記述統計（ヒストグラム、相関図、クロス表、平均値、標準偏差）などを用いて、得られたデータを客観的に記述する方法を見てきまし

た。ここでは、一部のデータを使用して母集団の特性がどうなっているかを推測していく方法である、推測統計について見ていきます。

　まず、推測統計の必要性を考えてみましょう。調査にあたって、もし母集団の特性を正確にひとつひとつ調べようとすれば、時間と労力と費用がかかります。また、心理学における統計調査では、人間の生起する反応は環境や心理状態によって異なるため、これを正確に、すべての時点・条件の下で測定するのは不可能です。ですから、ある時点・条件の下で測定した個人の反応は、個人に生じる無限の反応の一事例にすぎないのです。さらに、心理学の研究対象は、人間の行動原理や普遍的な特性です。つまり研究対象は人であり、母集団は全ての人間ということになります。しかし、母集団である全ての人間を対象に、正確な調査を行うことは不可能です。

　このようなときに推測統計を使用すれば、一部のデータで母集団の特性を推測することができます。なお、ここで問題としている母集団とは、特定のテーマ研究で検討しようとする対象全体のことを指します。また、母集団から抽出した一部の対象データを標本といいます。

身近なことから考えてみると…

　推測統計というのは、標本から母集団の特性を確率論的に推測することでしたね。例えば、労働観について100人の女性に意見を聞き、そのうちの18％が「社会参画のために働いている」と答えたとすれば、母集団、つまり女性の労働観として、「社会参画を理由に働いている女性は18％ぐらいになるだろう」と推測することができます。

問題

1. 心理学のデータ標本において母集団を考察する際に、主に推測統計を用いる理由について述べなさい。
2. 記述統計と推測統計について説明しなさい。

解答

1. 第1に母集団の特性を正確に調査するには時間と労力がかかるため、第2に生起する反応は環境や心理状態によって異なり、ある時点、条件の下で測定した個人の反応は、個人に生じる無限の反応の一事例にすぎないため、第3に心理学が研究対象としているものは人間の行動原理や普遍的な特性であり、そのため、その母集団である人間の数は無限になってしまうため。

2. 記述統計とは、得られたデータの特徴をヒストグラム、相関図、クロス表、平均値、標本偏差などを用いて客観的に記述する方法である。推測統計とは、標本から確率論的に母集団の特性について推論する方法である。これには、統計的推定と統計的検定がある。

― 心理統計ではこう使う ―

簡略化して考えた場合、ある地域を調査したところ、子どもの「うつ病」が1％だとすれば、日本全体で子どもの「うつ病」が約1％だと推定することができます（ただし厳密には、地域差や年代差、性別等を設定しないと正確な推定とはいえません）。

Q2 サンプリングって何?

サンプリングとは
　標本調査を行う際に、何らかの基準に応じて、母集団である標本対象集団から部分要素や部分集合を選び出す手続き。標本抽出ともいう。

無作為抽出（サンプリング）

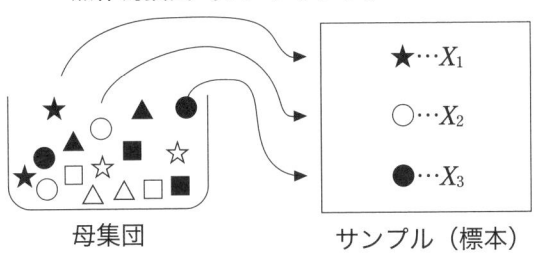

母集団　　　　サンプル（標本）

★…X_1
○…X_2
●…X_3

無作為抽出法とは
　母集団から偏って要素が選ばれないようにする目的で行われる抽出法。
　※母集団に含まれているどの要素も、他の要素の選び方に関係なく、すべて等しい確率で選ばれなければならない。
　※標本抽出が無作為に行われていない場合、推測しようとする母集団の特性に、偏りつまり歪みが生じる可能性がある。

無作為標本とは
　無作為抽出によって得られた標本。

乱数表とは
　無作為標本を抽出する際に用いられる表で、0～9までの数字が、規則性や偏りなく並べられていて、偶然以外の原因では数字が偏って表れることのないものである。これを用いる際には、乱数表のどこの数字から始めるかを、作為的でない方法で決める必要がある。

　推測統計が、標本から母集団の特性について推測する方法であることを前項で学びました。このときに使う標本を作る作業が、サンプリングです。

サンプリングとは、標本調査を行うときに、何らかの基準に応じて母集団である標本対象集団から部分要素や部分集合を選び出す手続きのことをいいます。

　サンプリングにあたっては、推測しようとする母集団の特性に偏りや歪みが生じないようにしなければなりません。そのためには、母集団に含まれているどの要素も、他の要素の選び方に関係なく、全て等しい確率で選ばれる必要があります。このような方法手続きを無作為抽出法といいます。

　無作為抽出法を行う際には、通常、乱数表が用いられます。また、このようにして得られた標本を無作為標本といいます。また、抽出法には他に、任意抽出法、層化抽出法、確率比例抽出法などがあります。

　なお、母集団の特徴は、母集団分布を見ることにより分かります。母集団分布の例としては、正規分布、ポワソン分布、2項分布などがあります。

身近なことから考えてみると…

　選挙投票日に、テレビや新聞などの出口調査で「200人の有権者に支持政党を聞きました」という調査記事をよく見かけます。この場合、母集団は全ての有権者で、標本は200人ということになります。このように私たちは、知らないうちに推測統計のデータとして扱われています。したがって、日頃から、何が標本で何が母集団なのかということを考えながら調査結果を見ておけば、あわてなくてすみます。

問題

1. 次の項目について知るところを述べなさい。
　　推測統計における無作為標本抽出（random sampling）
　　　　　　　（専修大学大学院文学研究科心理学専攻2003年度）
2. 次に示す例において、母集団と標本をそれぞれ指摘しなさい。
　　①500人の心理学専攻の大学生に心理統計のテストを行った。
　　②『これで書ける！研究計画書攻略法』を読んだ人の中から40人を選んで内容評価のためのアンケートをとった。

解答

1. 母集団から偏って要素が選ばれないように行われる、確率的に標本を抽出する方法をいう。これを行うために乱数表やコンピュータで生じる擬似乱数を利用する。
2. ①母集団…心理学専攻の大学生、標本…500人
   ②母集団…「これで書ける！研究計画書攻略法」を読んだ人、標本…40人

心理統計ではこう使う

サンプリングは、心理学においても様々な場面で使われています。
例えば、不安障害でカウンセリングを受けているクライエント50人を対象に、不安を生じる原因やその時の不安度数について質問紙を使ってテストし、その結果から、不安障害のクライアントの全体像を推定することもできます。

Q3 標本分布って何？

標本分布とは
　集計したデータ量の変動の状況に法則性が認められ、理論分布の形で表示することができるもの。
　※母集団の平均値…標本平均
　※分散…母分散の標本分布（データが平均からどれだけばらけているかを示す統計的な指標）

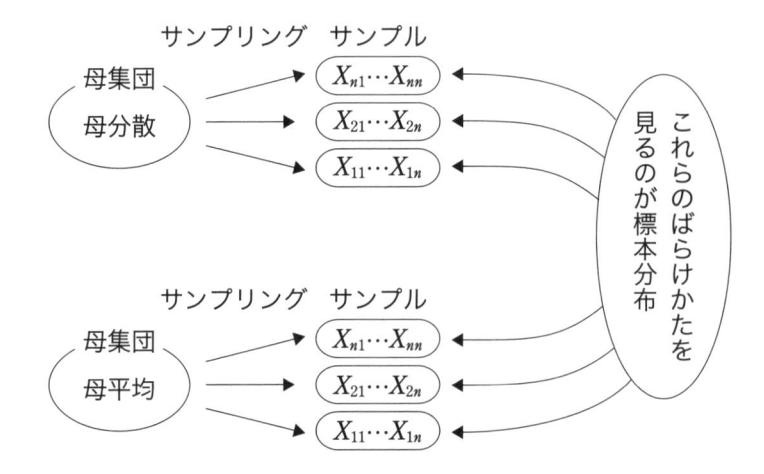

　　　　　　　　サンプリング　サンプル
　　　　母集団　　→　　$X_{n1}…X_{nn}$　←
　　　　母分散　　→　　$X_{21}…X_{2n}$　←　これらのばらけかたを見るのが標本分布
　　　　　　　　　→　　$X_{11}…X_{1n}$　←

　　　　　　　　サンプリング　サンプル
　　　　母集団　　→　　$X_{n1}…X_{nn}$　←
　　　　母平均　　→　　$X_{21}…X_{2n}$　←
　　　　　　　　　→　　$X_{11}…X_{1n}$　←

標本分布の効用
　標本分布によって、母数の全体像を確認できる。
　※母数…母集団の特徴を要約した値

標本分布の特徴
　①標本平均の期待値は母集団の平均 μ と同じ
　②標本平均の分散は $\dfrac{\sigma^2}{n}$
　③n が大きければ標本平均の分布は正規分布に準ずる
　④母集団の分布が正規分布であれば、標本分布も正規分布となる

> 統計量とは
> 　標本の特徴を要約した数値で、母数の検定・推定に用いる。

　標本分布というのは、集計したデータ量の変動の状況に法則性が認められ、正規分布、ポアソン分布、2項分布などの理論分布の形で表示できるものをいいます。
　標本分布の利点は、推定した母数の全体像を確認できることです。つまり、いくつかの測定を行った際、それらの標本が前述の理論分布で示される場合は、集計したデータが正規性を持っていることが確認できます。なお、このときに使うデータの数を標本サイズといいます。そして、標本分布は、母集団平均の平均と標本平均のズレを確認するためのツールとなります。
　標本分布には大きく4つの特徴があります。1つ目は、標本平均の期待値は母集団の平均 μ と同じになるということです。2つ目は、標本平均の分散は $\frac{\sigma^2}{n}$ になるということです。3つめは n が大きければ、標本平均の分布は正規分布に準ずるということです。4つめは母集団の分布が正規分布であれば、標本平均も正規分布になるということです。
　また、母集団から標本抽出を行うと、1つの標本から1つの平均が得られます。さらに母集団から標本抽出を行うと、1つの標本から1つの平均が得られます。さらに母集団から何回か標本抽出を行うといくつも平均が出ます。これを考慮したのが標本分布の考え方です。また、このいくつもの平均を標本平均といい、標本平均の平均を標本平均の期待値と呼びます。つまり、ある母集団で30回の標本抽出を行えば、30の標本平均があり、その30の標本平均の平均を出したものを標本平均の期待値というのです。

身近なことから考えてみると…
　各メディアの世論調査を考えてみましょう。新聞やテレビ局が、政党や政策についての世論調査を行うと、個々の会社により支持率など集計した結果は異なります。これについて考察してみると、母集団は日本国民であり、各メディアによって抽出した標本（個々の標本平均）が異なりますが、これら

の標本分布を考えてみれば、世論調査において誤差範囲内であり、母集団との大きな隔たりはないでしょう。

問題

ある母集団から選んだ標本サイズが16であるとき、標本平均の期待値が46、母分散が25であった。この母集団の平均は48であるといえるか。

解答

まず、標本平均の期待値 $E(X)$ は、母集団の平均 μ と等しい。そして、標本平均の分散は、母集団の分散を σ^2 とすると $\dfrac{\sigma^2}{n}$ となり標準偏差は $\dfrac{\sigma}{\sqrt{n}}$ で表せる。上記2つのことを考慮すると簡単に解くことができる。

信頼確率95%で計算すると、以下の範囲内であれば母集団の平均がその間にあると推定できる。

$$E(x) - 1.96 \times \dfrac{\sigma}{\sqrt{n}} \leq \mu \leq E(x) + 1.96 \times \dfrac{\sigma}{\sqrt{n}}$$

ここで $E(x) = 46$、$\sigma^2 = 25$ より $\sigma = 5$

標準偏差は $\dfrac{5}{\sqrt{16}} = 1.25$

$46 - 1.96 \times 1.25 \leq \mu \leq 46 + 1.96 \times 1.25$

$46 - 2.45 \leq \mu \leq 46 + 2.45$

$43.55 \leq \mu \leq 48.25$

よって、この母集団の平均は48であるといえる。

心理統計ではこう使う

心理統計では、多くのデータから結論を出すというより、少数の個別データから個人または集団の行動原理を推測することが多いので、標本分布という概念は必要ではないかもしれません。しかし、心理統計で出てきた結果が特殊なのか、そうでないのかを判断することは必要ですので、この概念を覚えておいて損はありません。

Q4　自由度って何？

自由度とは
- 統計量を算出する際に、自由に値を変化させることのできるデータの数。
- 標本及びカテゴリーごとに分割した表に、期待値をいくつまで入れられるかを表した数値。

※統計量…標本の特徴を要約した数値で、母数の検定、推定に用いる
※期待値…データの平均に対応する理論的な分布の平均で、確率を考慮した平均

自由度の数え方
【1】χ^2検定の場合（名義尺度の比率・関連）
① 標本が1つの場合、カテゴリー数をnとすれば、自由度は$n-1$と表示。
　次のような場合、カテゴリー数が3だから、自由度は3－1＝2となる。

（例1）

	カテゴリーA	カテゴリーB	カテゴリーC
標本1			

② 自由度の計算公式＝(行の数－1)×(列の数－1)
　　　　　　　　　＝$(n_1-1)\times(n_2-1)$　　※$n\geq 2$

標本が5つ、カテゴリー数が3つの場合の自由度
$(5-1)\times(3-1)=8$

（例2）

	カテゴリーA	カテゴリーB	カテゴリーC
標本1			
標本2			
標本3			
標本4			
標本5			

> 【2】t検定の場合（平均差・相関）
>   ①標本数n_1, n_2、標本間の対応のない場合　$n_1+n_2-2=$自由度
>   ②標本数n、標本間の対応のある場合　$n-1=$自由度
> 【3】F検定の場合（分散）
>   ①標本数2、標本間に対応のない場合　$n_1-1=$分子の自由度
> 　　　　　　　　　　　　　　　　　　　$n_2-1=$分母の自由度
>   ただしn_1-1は分散の大きい方

　自由度とは、統計量を算出する際に、自由に変化させることのできるデータの数のことです。統計量とは、平均、分散などを求めて標本の特徴を要約した数値で、母数の検定や推定に用います。また、自由度は、標本及びカテゴリーごとに分割した表に、期待値をいくつまで入れられるかを表した数値でもあります。期待値とは、データの平均と確率に対応する理論的な分布の平均のことをいいます。

　例えば100本の宝くじがある場合、そのくじの当選金の内訳が、1本が1万円、2本が5000円、7本が100円であったときの1本を買ったときの期待値は、次の計算によって求められます。

$$\frac{1}{100}\times 10{,}000+\frac{2}{100}\times 5{,}000+\frac{7}{100}\times 100=207 \qquad 207円$$

　では次に、自由度を具体的に計算してみましょう。χ^2分布において、自由度を計算してみると以下のようになります。標本が1つの場合、カテゴリー数をnとすれば、自由度は$n-1$で表示されます。（例1）では、カテゴリー数が3だから、自由度＝列の数－1という公式を得ることができます。（例2）では、標本が5つで、カテゴリー数が3だから、自由度＝$(5-1)\times(3-1)=8$となります。このようにして得られた自由度は、検定表で値を確認する際によく使用されます。

身近なことから考えてみると…

　遠距離通学のために寄宿生活をすることになった新入生50名の男女に、親

元を離れての生活について「不安に感じるか否か」の聞き取り調査を行ったところ、以下のような結果を得た。

	大変不安に感じる	少々不安に感じる	全く不安に感じない
男子	10人	15人	25人
女子	12人	18人	20人

この調査の自由度を求めてみると、$(2-1) \times (3-1) = 2$
つまり、「自由度は2」ということになります。

問題

次の項目について知るところを述べなさい。
自由度（degree of freedom）

解答

　自由度とは、統計量を算出する際に、自由に変化させることが可能なデータの数のことである。データはどのような値もとることができるが、平均が与えられることによって、データの1つは自動的に決まる。その結果、自由な値がとれるデータの個数は$n-1$となる。例えば、3つのデータで1つ目が1、2つ目が2で、平均が3である場合、3つ目は6であることは自動的に決まる。つまりこの場合の自由度は2となる。

心理統計ではこう使う

　心理統計では、χ^2検定を行って出た統計量を棄却するか否かを決める際に有意水準を求めるが、その前段階として自由度を用いる。資料5「χ^2の臨界値」を見てみよう。まずdf（自由度）を見て、その列の数量と統計量が一致するところのαである有意水準を見ればよい。例えば、自由度6で、統計データが12.59であればα（有意水準）＝0.05であるから有意水準5％ということになる。

Q5　帰無仮説とは？　対立仮説とは？

帰無仮説とは
　研究仮説が正しいことを主張するための、後で否定することを目的とした、研究仮説とは逆の仮説。
　※使用目的…ある母集団の偏り度合いを判定するのに用いる
対立仮説とは
　帰無仮説に対立する仮説で、研究仮説が対立仮説になる。
統計的検定とは
　2つ以上の条件の間に、何らかの値の差があるかを確率的に判断するための分析。これを行うために帰無仮説と対立仮説の2つの仮説を用いる。具体的には、データ標本から立てた、母集団についての各種仮説の適否を判断するために行う検定統計量の計算のこと。
帰無仮説の証明プロセス
　　○○○である・・・・・Ⓐ
　　　Ⓐを証明するために
　　○○○でない・・・・・Ⓑ
　　　Ⓑという仮説を立てる。この仮定において論理的に矛盾が生じることを示し、Ⓑの仮定を否定し、Ⓐが正しいと結論づける。

　帰無仮説とは、研究仮説が正しいことを主張するために、後で否定することを目的とした、研究仮説とは逆の仮説のことをいいます。
　対立仮説とは、帰無仮説に対立する仮説で、研究仮説が通常、対立仮説となります。つまり帰無仮説とは、棄却することを目的とした仮説です。
　統計的検定とは、2つ以上の条件の間に、何らかの差があるかを確率的に判断するための分析のことです。検定では、ある母集団の偏り度合いを判定するのに帰無仮説（H_0 と書きます）を用います。では、具体的にその流れを見てみましょう。まず、証明するプロセスで、「○○○である」ことを証

明するために、「○○○でない」という帰無仮説を立てます。その上で、この仮説に矛盾が生じることを示し、「○○○でない」という帰無仮説を棄却して、「○○○である」という仮説が正しいと結論付ければ良いのです。

帰無仮説と対立仮説は、このように統計的検定を行う際に用います。

身近なことから考えてみると…

出されたコーヒー豆の種類を判別できると言っているAさんがいるとします。ここでは簡略化のためにコロンビアとモカの2種類の豆を判定できることにしましょう。このときの帰無仮説は次のようになります。

> H_0：Aさんは、コロンビアとモカの2種類のコーヒーの味を判別できない。

では、これを検証してみましょう。

今、6杯のコーヒーが出され、Aさんはすべて正確に味を判別しました。このとき、偶然に全てを言い当てる確率は、

$$\frac{1}{2} \times \frac{1}{2} \times \frac{1}{2} \times \frac{1}{2} \times \frac{1}{2} \times \frac{1}{2} = 0.0156$$ です。

つまり、100回に1～2回しか偶然には起こらない確率なので、この時、その人はコーヒーの味を判別できると判断できます。

心理統計では、慣例的に有意水準が5％または1％未満の範囲に計算値が入った場合には、あるカテゴリーに偏っている、つまり差がある（これを有意差があるという）と判断し帰無仮説を棄却します。上記の例では、パーセントに変換すると、1.56％になるので、有意水準5％で見れば帰無仮説を棄却できます。

では、帰無仮説が棄却できないのはどのような場合か考えてみましょう。最初に出された1杯目のコーヒーを当てるときは、偶然に当てる確率を計算すると $\frac{1}{2} = 0.5$ となり、半分の確率で言い当てることができます。これだけで、Aさんがコーヒーの味を判別できると評価するのは大きな間違いですね。なぜならあてずっぽうでも半分の確率で当てることができるのですから。この場合は帰無仮説を採択します。上の例では5回連続 $\frac{1}{2} \times \frac{1}{2} \times \frac{1}{2} \times \frac{1}{2} \times \frac{1}{2} =$

0.0325で、有意水準の5％以下になりますので、最低でも5回は連続して当てなければ帰無仮説を棄却できません。

対立仮説とは帰無仮説が正しくないときに正しくなる仮説を指し、H_1で表します。上記の場合では、次のようになります。

> H_1：Aさんはコロンビアとモカの2種類のコーヒーの味を判別できる。

帰無仮説は、棄てることに意味がある仮説といいましたが、帰無仮説を立てる際には、「〜できない」「〜でない」と立てると検定がしやすくなります。これが「〜できる」「〜である」という表現では、その人がどのくらいできるかまで検証しないと評価できなくなるからです。

問題

1. コインの裏表を当てるゲームで、10回の勝負において勝率約7割のギャンブラーは強いといえるか。帰無仮説を立てて検証しなさい。
2. コインの裏表を当てるゲームで、100回の勝負において勝率約7割のギャンブラーは強いといえるか。帰無仮説を立てて検証しなさい。

解答

1. 帰無仮説「このギャンブラーはコインの表裏を当てるゲームにおいて強くない」

   二項検定を用いて

   $$_{10}C_7 \times \left(\frac{1}{2}\right)^7 \left(\frac{1}{2}\right)^3 = \frac{10 \times 9 \times 8}{1 \times 2 \times 3} \times \left(\frac{1}{2}\right)^{10} = 120 \times \frac{1}{1024} = 0.1171$$

   二項検定表より、標本数10、出現度数 3を見ると0.172＞0.117なので、帰無仮説を採択する。
   よって、このギャンブラーは強いといえない。

2．帰無仮説「このギャンブラーはコインの表裏を当てるゲームの勝敗において差がない」

χ^2検定	勝ち	負け
実測値	70	30
予測値	50	50

$$\chi_0^2 = \frac{(70-50)^2}{50} + \frac{(30-50)^2}{50} = 16.0$$

資料5「χ^2の臨界値」より、$df=1$の1％の有意水準で臨界値が6.63＜χ^2値16.0なので、帰無仮説を1％の危険率で棄却できる。よってこのギャンブラーは強いといえる。

― 心理統計ではこう使う ―

　2つ以上の条件の間に、何らかの差があるかを確率的に判断するための分析である統計的検定を行う際に、ある母集団の偏り度合いを判定するのに帰無仮説（H_0と書きます）を用います。では、具体的にその流れを見てみましょう。まず、証明するプロセスで、「○○○である」ことを証明するために、「○○○でない」という帰無仮説を立てます。その上で、この仮説に矛盾が生じることを示し、「○○○でない」という帰無仮説を棄却して、「○○○である」という対立仮説が正しいと結論付ければよいのです。

Q6 有意差、有意水準、棄却域って何？

有意差とは
　帰無仮説を棄却するときのデータ度数に偏りがあること。
有意水準（危険率）とは
　帰無仮説を棄却するか否かを判断するための基準となる確率。
　　5％のことを有意水準α→有意確率5％以上の場合、帰無仮説を採択
　　　　　　　　　　　　　　有意確率5％未満の場合、帰無仮説を棄却
　※危険率の名前の由来…本来は正しいかもしれない帰無仮説を、5％
　　　　　　　　　　　　の確率で棄却してしまうことを意味する。
　※このほかに、1％や0.1％などを用いることもある。
　※有意水準5％とは、100回に5回は偶然に起こることを指す。
臨界値とは
　有意水準に対応した統計量の値で、その値が臨界値より大きければ帰無仮説を棄却し、それより小さければ帰無仮説を棄却しないといった境目の値。
棄却域とは
　検定の統計量がその領域に入った場合、帰無仮説を棄却できる領域のこと。
推定量とは
　母数を標本統計量を用いて推定する場合の標本統計量のこと。
推定値とは
　推定量の実現値。

　有意差とは、帰無仮説を棄却するときにデータの度数に偏りがあること、つまり差があることをいいます。具体的にはデータの統計的な安定性の指標で、一般に有意確率が5％未満のときに、統計的有意差があると判断されます。データに有意差がない場合、対象者が少なくデータが不安定なために、

統計的なばらつきの影響でその結果が出たという可能性があります。一方、有意差があれば、データは安定していると考えられ、統計的ばらつき以外の要因が影響していると解釈でき、この場合、帰無仮説を棄却できます。有意差については、χ^2検定、F検定、t検定などの検定によって、差があると判断するか否かが決まります。次章以降で説明するχ^2検定では、χ^2の値が大きいほど有意差があると判断します。

　心理統計の帰無仮説を棄却する慣例的な水準である5％のことを、有意水準αと呼びます。つまり有意確率が5％以上であれば帰無仮説を採択し、5％未満であれば帰無仮説を棄却します。有意水準5％の他に、帰無仮説を間違えて棄却しないために、1％や0.1％などを用いることもあります。

　ところで、有意水準の「5％」などの数値が、具体的に何を意味しているかと言えば、偶然に起こる確率を意味しています。つまり有意水準5％ということは、100回に5回は偶然に起こりうるということを示しているのです。そのため、有意水準のことを危険率ともいいます。この危険率という呼び方は、本来は正しいかもしれない帰無仮説を、5％の確率で、間違えて棄却してしまうことを表しています。そこで、心理統計では有意水準5％を慣習としていますが、表現できる限り低い有意水準（5％→1％→0.1％）を選ぶことが重要です。低い有意水準で帰無仮説を棄却できれば、それだけ信頼性の高い検定であるといえます。また、帰無仮説を棄却するときには、必ず何％の有意水準で棄却するかを明記しなければなりません。この有意水準が帰無仮説を棄却するかを判断する基準となります。帰無仮説を棄却できるのは、「有意水準の値＜検定データ」のような場合です。

　帰無仮説を棄却できる領域を棄却域といい、検定の統計量がその領域に入った場合、帰無仮説を棄却し、研究仮説（対立仮説）をとることができます。また、統計量の値で、その値より大きければ帰無仮説を棄却し、それより小さければ帰無仮説を棄却しない境目の値を臨界値といいます。

身近なことから考えてみると…

　ストレスの強い職業従事者と、ストレスの弱い職業従事者に関しての心臓疾患の発生率を比較調査したところ、強ストレスの職業従事者の心臓疾患の

割合が、弱ストレスの職業従事者の3倍だったとします。この3倍という値は相対危険度数を意味しますが、被験者が少なかったためこの値になったのかもしれません。もしこの相対危険度に有意差がなければ、母集団においてストレスと心臓疾患の関連性がないのにこの値が出てしまったということになり、棄却域を見落として見かけ上3という相対危険度を認識したという可能性が考えられます。

問題

1. 仮説Aが5％の有意水準で統計的に有意である。
2. 棄却域とは何か。

解答

1. 「仮説Aが5％の有意水準で統計的に有意である」—①とは、統計的仮説検定を行った場合に、有意水準5％で検定仮説すなわち帰無仮説H_0が棄却域に入ったことをいう。換言すれば帰無仮説Aが真であるとすることがめったに生じないデータが得られたときに「有意」と表現される。①の場合、帰無仮説H_0が真であると考えないで対立仮説H_1を正しいと判断して採用する。
2. 棄却域とは、有意水準を超える領域のことをいう。言い換えれば、検定の統計量がその領域に入ったとき、帰無仮説を棄却できる領域のことである。

心理統計ではこう使う

問題になっているデータの母数に関して、2つ以上の値に差があるか否かを検定する場合などに用いられます。この場合、有意差がないという帰無仮説を立て有意水準を決め、データより検定しようとする統計量を求めて有意水準の臨界値を見て棄却域を考慮して帰無仮説を棄却するか否かの判断を下します。

5章 種々の検定

この章でやること

Ques.1　差の検定って何？ ┄┄┄┄┄┄┄┄┄┄┄┄┄➤

Ques.2　クロス表って何？ ┄┄┄┄┄┄┄┄┄┄┄┄┄➤

Ques.3　χ^2検定って何？ ┄┄┄┄┄┄┄┄┄┄┄┄┄➤

Ques.4　χ^2検定の種類って何？ ┄┄┄┄┄┄┄┄┄┄➤

Ques.5　メディアン検定って何？ ┄┄┄┄┄┄┄┄┄┄➤

Ques.6　F検定って何？ ┄┄┄┄┄┄┄┄┄┄┄┄┄┄➤

Ques.7　t検定って何？ ┄┄┄┄┄┄┄┄┄┄┄┄┄┄➤

Ans.1
問題とされているデータの母数に関して、2つ以上の値（比率の値や中央値の値、平均値の値など）に差があるかどうかを確率論的に判断するものです。

Ans.2
名義尺度間の関係を分析する際に、その相関関数を表の形式で表したもの。χ^2 検定を行うときに用いられます。

Ans.3
名義尺度間の連関を調べるための検定。具体的には、年齢別、地域別に与えられる人数などの度数や、その度数から算出された比率の差などの検定に用いられます。

Ans.4
χ^2 検定には、カテゴリー数によって①k型、②2×2型（有対応型）、③2×2型（無対応型）、④$k \times l$ 型があります。また、これらのそれぞれに関して、イエーツ修正型、フィッシャーの正確確率検定を用いることがあります。

Ans.5
順序尺度間の関係を調べるための検定。総データの中央値を求め、その値を基準としてデータを大小の2つに分けて行う検定。

Ans.6
各標本群が別々の母集団から抽出されたとき、それら母集団の分散が等しいかどうかを検定するもの。t 検定を行う際によく用いられ、F 分布の結果、各母集団の分散が等しくない場合は、ウェルチの検定を行います。

Ans.7
母集団の平均値の差に違いがあるかを調べるための検定。間隔尺度・比率尺度のデータが、正規分布、もしくは等分散をなすときに行うことができます。

Ques.8　t 検定の種類と解法 ┈┈┈┈┈┈┈┈┈┈┈▶

Ques.9　U 検定って何？ ┈┈┈┈┈┈┈┈┈┈┈┈┈▶

Ques.10　分散分析って何？ ┈┈┈┈┈┈┈┈┈┈┈▶

Ques.11　分散分析のためのデータ処理方法 ┈┈┈┈▶

Ques.12　分散分析を行う手順 ┈┈┈┈┈┈┈┈┈┈▶

Ques.13　１要因分散分析と２要因分散分析の違い ┈▶

Ans.8

対応のある t 検定と、対応のない t 検定の 2 種類があります。t 検定を行う前には、F 検定を行い分散が等しいかチェックする必要があります。分散が等しければ t 検定を、等しくなければウェルチの検定を行います。

Ans.9

U 検定はマン・ホイットニー検定とも呼ばれ、2 つの順序尺度変数の関連について、中央値に差があるかどうか調べるものです。

Ans.10

間隔尺度・比率尺度のデータの母集団の平均値の差に違いがあるかを調べるための検定。t 検定を行えない 3 つ以上の標本について検定するものです。

Ans.11

分散分析の測定データは、ばらつかない部分とばらつく部分からなりますが、特にばらつく部分に注目すると

全バラツキ（全変動）＝実験要因によるバラツキ（群間のズレ）＋誤差によるバラツキ（偶然誤差）

全変動＝主効果＋偶然誤差

と表すことができます。

Ans.12

まず分散分析表を作成し、F 分布表を用いて分散比を求め、その後求めた分散比と分散表を比較して判断します。

Ans.13

1 要因分析は、問題としてとりあげる因子が 1 つの場合、2 要因分散分析は、2 つの影響要因に対して 2 つの水準を設けた場合に用います。

検定を含む全体図

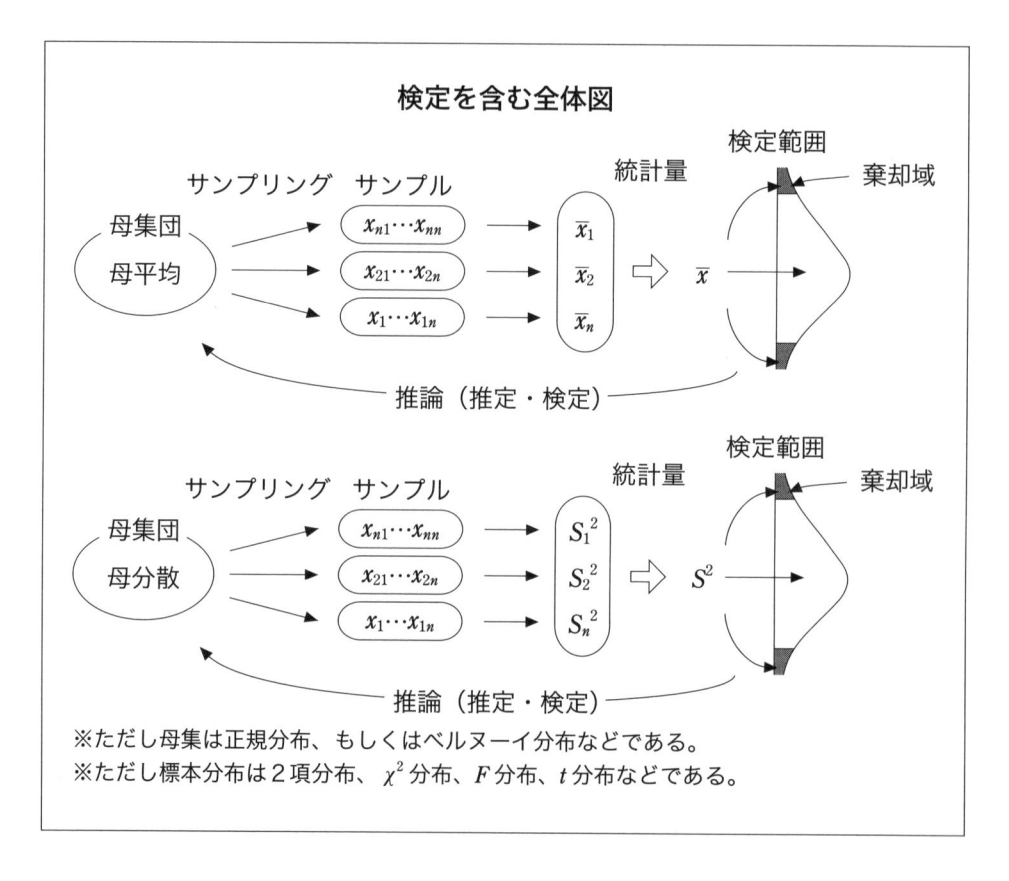

母集団 / 母平均 → サンプリング → サンプル $x_{n1}\cdots x_{nn}$, $x_{21}\cdots x_{2n}$, $x_1\cdots x_{1n}$ → 統計量 $\bar{x}_1$, $\bar{x}_2$, $\bar{x}_n$ ⇒ $\bar{x}$ → 検定範囲 / 棄却域

推論（推定・検定）

母集団 / 母分散 → サンプリング → サンプル $x_{n1}\cdots x_{nn}$, $x_{21}\cdots x_{2n}$, $x_1\cdots x_{1n}$ → 統計量 S_1^2, S_2^2, S_n^2 ⇒ S^2 → 検定範囲 / 棄却域

推論（推定・検定）

※ただし母集は正規分布、もしくはベルヌーイ分布などである。
※ただし標本分布は2項分布、χ^2分布、F分布、t分布などである。

Q1 差の検定って何？

差の検定とは
　問題とされている変数の母数に関して、2つ以上の値（比率の値や中央値の値、平均値の値など）に差があるかどうかを確率論的に判断すること。

検定のながれ
　①帰無仮説をたてる→②有意水準を決める→③データを収集する→④検定しようとする統計量を求める→⑤自由度を求める→⑥分布表を参照しながら、求めた統計量と設定した有意水準の臨界値を比較する→⑦最終的に帰無仮説を棄却するか否かを判断する

両側検定
　・分布の両端に棄却域を設ける方法。
　・標本分布の左右のすそに棄却域をとって、左右合計で5％にする。

　　両側検定5％
　　2.5％　　2.5％

片側検定
　・標本分布の上側か下側のどちらかだけに棄却域を設ける方法。
　・標本分布の右すそor左すそのどちらかに5％の棄却域をとることになる。

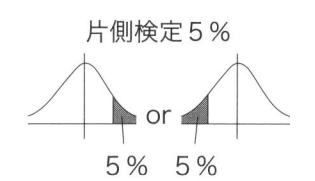

　　片側検定5％
　　　or
　　5％　5％

片側検定と両側検定
　片側検定は仮説に方向性がある場合に用いる。
　　（例）A君はB君より歌が上手だ。
　　　　→A＞Bのみを考え、片側検定
　　（例）A君とB君の歌唱力には差がある。
　　　　→A＞B or A＜Bどちらでもよいので両側検定

検定の種類
　①2つの平均値の差の検定＝t検定

> ②3つ以上の平均値の差の検定、分散に関する検定＝分散分析、F検定
> ③母集団の分布の型や分散についての仮定を問題としないもの
> 　　　　　　　　　　　　　　＝χ^2検定、メディアン検定
>
> 検定における誤り
> 　①タイプⅠエラー
> 　　実際は帰無仮説に差がない場合に、差があるとして帰無仮説を棄却するエラー。このような状況での有意水準を危険率αと呼ぶ。
> 　②タイプⅡエラー
> 　　実際は帰無仮説に差がある場合に、差があると判断しないエラー。このような状況での有意水準を危険率βと呼ぶ。

　差の検定というのは、問題とされている母数に関して、2つ以上の値（比率の値や中央値の値、平均値の値など）に差があるかどうかを確率論的に判断することをいいます。具体的には、t検定、分散分析、F検定、χ^2検定、メディアン検定があります。

　差の検定を行う場合には、前章でとりあげた帰無仮説を使います。例えば、「同じ学年の男子には地域的な体力差がある」といった検定を行う場合、帰無仮説である「同じ学年の男子には地域的な体力差はない」といった仮説を立て、最後にこの帰無仮説を棄却して、得られた結果が必然的に生じたことを証明します。検定を行う手順は、①帰無仮説を立てる、②有意水準を決める、③データを収集する、④検定しようとする統計量を求める、⑤自由度を求める、⑥分布表を参照して、求めた統計量と設定した有意水準の臨界値を比較する、⑦最終的に帰無仮説を棄却するか否かを判断する、となります。

　差の検定（ここではt検定を例にします。詳細はQ7・8を参照）にあたって注意すべきことは、片側検定か両側検定なのかをチェックしておくことです。片側検定では言葉通り片側のみ、両側検定では両側を検定します。つまり両側検定は、t分布の両側の値がt値以下とt値以上の値をとる確率を基に行うものですが、片側検定は、t分布の片側の値が、得られたt値以上の値

をとる確率を基にして行う検定です。片側検定は対立仮説が明確な場合、例えば「A君はB君より歌が上手だ」のように、A＞Bが分かっている場合に用いられ、両側検定は不明確な場合、例えば「A君とB君の歌唱力には差がある」のように、A＞B or A＜Bでも構わない場合に用いられます。片側検定の方が両側検定よりも有意差が得られやすい、言い換えれば、タイプⅠのエラーが発生しやすいので、片側検定か両側検定で迷ったときは、両側検定を行えば間違いありません。通常、t検定では両側検定に、χ^2検定では片側検定に、棄却域を設定する場合が多く見られます。両側検定の場合には、標本分布の左右すそに棄却域を設けるので、有意水準5％であれば、左すそに2.5％、右すそに2.5％の棄却域をとって、左右で5％にします。一方、片側検定の場合には、標本分布の右すそ、あるいは左すそに5％の棄却域をとります。有意水準についても、例えば片側検定の場合5％であれば両側検定では2.5％に直して行うように、$\frac{1}{2}$にして考えます。

　検定の種類を大きく分ければ、t検定、F検定、分散分析、メディアン検定、χ^2検定などがあります。t検定は母集団の分布の型や分散についての仮定を問題としていて、2つの平均値の差の検定を行うときに用います。分散分析やF検定は、3つ以上の平均値の差の検定や、分散に関する検定を行うときに用いられます、またχ^2検定やメディアン検定は、母集団の分布の型や分散についての仮定を問題としないものに関して用いられます。

　最後に差の検定を行う際に生じるエラーについて説明します。統計的検定では、帰無仮説が誤っているか否か、統計的に推測し判断を下す段階で、エラーを生じることがあります。そのエラーにはタイプⅠエラーとタイプⅡエラーの2種類があります。前者は、実際には帰無仮説に差がない、すなわち誤っていないにも関わらず、帰無仮説を棄却して対立仮説を採用するエラーのことです。一方後者は、帰無仮説に差がある、すなわち誤っている場合に帰無仮説を棄却せず採用してしまうエラーのことをいいます。エラーの確率である有意水準は危険率と呼ばれ、タイプⅠエラーは危険率α、タイプⅡエラーは危険率βで表示します。

身近なことから考えてみると…

　例えば、10名の大学生から構成されているA群とB群に、同じテーマを学習させるとします。A群は講義形式でテキストを進め、B群は学習内容を問題と解答形式で授業を行って、授業終了後、この2つの群に効果測定を行った結果に関して「差があるか否か」を判断する場合などに差の検定は行われます。このような方法は、2標本検定といわれます。

問題

　差の検定とは何か。

解答

　差の検定とは、問題とされている変数の母数に関して、2つ以上の値に差があるか否かを確率論的に判断することである。これを行う手順としてはまず、「2つ以上のカテゴリーに差はない」という帰無仮説をたて、次に有意水準を5％もしくは1％に定める。その上で、データを収集し検定しようとする統計量を求める。そして自由度を求め、分布表をもとに求めた統計量と設定した有意水準での臨界値を比較する。その結果、最終的に帰無仮説を棄却するか否かを判断できる。例えば、求めた統計量が有意水準での臨界値よりも大きければ、2つ以上のカテゴリーに差はないという帰無仮説は棄却し、「2つ以上のカテゴリーには差がある」と判断できる。反対に、求めた統計量が有意水準での臨界値よりも小さければ、帰無仮説は棄却されず、「2つ以上のカテゴリーに差はない」と結論を出すことになる。

心理統計ではこう使う

　例えば、作業能率改善のための環境整備の実験で、作業現場におけるストレスが、作業員にどんな影響を与えるか調べるとします。このような場合に、心理ストレスを与えた群の作業員と、心理ストレスを与えられなかった群の作業員の間で、作業能率に差があったか否かを比較する場合などに、差の検定は用いられます。

Q2 クロス表って何？

クロス表とは
　名義尺度間の関係を分析する際に、その相関関数を表の形式で表したもの。χ^2検定を行うときに用いられる。

クロス表の特徴
　2つ以上の独立変数を組み合わせて従属変数を表の中に表記する。

クロス表の種類
　二重クロス表＝X、Yのように2つの変数によるクロス表

（例1）$k \times l$のクロス表
　2変数に関してのクロス表。この例では、変数Xがk個のカテゴリー、変数Yがl個のカテゴリーであるとすれば、$k \times l$のクロス表という。この表の中には、$(k \times l)$個のマス目がある。

X \ Y	カテゴリー 1、2、3、………l				合計
カテゴリー 1	n_{11}、	n_{12}、	………	n_{1l}	$S_{1\cdot}$
2	n_{21}、	n_{22}、	………	n_{2l}	$S_{2\cdot}$
⋮	⋮	⋮		⋮	⋮
k	n_{k1}、	n_{k2}、	………	n_{kl}	$S_{k\cdot}$
合計	$S_{\cdot 1}$、	$S_{\cdot 2}$、	………	$S_{\cdot l}$	N（総度数）

（例2）2×2のクロス表

X \ Y	カテゴリー a、　b		合計
カテゴリー A	n_{Aa}、	n_{Ab}	$n_{Aa}+n_{Ab}$
B	n_{Ba}、	n_{Bb}	$n_{Ba}+n_{Bb}$
合計	$n_{Aa}+n_{Ba}$、	$n_{Ab}+n_{Bb}$	N（総度数）

① $\left. \begin{array}{l} n_{Aa}n_{Bb} = n_{Ba}n_{Ab} \\ \dfrac{n_{Aa}}{n_{Aa}+n_{Ab}} = \dfrac{n_{Ba}}{n_{Ba}+n_{Bb}} \end{array} \right\}$ 2つの質的変数XYの間に連関が全くない

②$n_{Aa} = n_{Bb} = 0$ or $n_{Ab} = n_{Ba} = 0$

$\dfrac{n_{Aa}}{n_{Aa} + n_{Ab}} = 1$ かつ $\dfrac{n_{Ba}}{n_{Ba} + n_{Bb}} = 0$
or
$\dfrac{n_{Aa}}{n_{Aa} + n_{Ab}} = 0$ かつ $\dfrac{n_{Ba}}{n_{Ba} + n_{Bb}} = 1$

$\Bigg\}$ 2つの質的変数 XY の間に連関がある

相対度数とは

それぞれのカテゴリーの度数を、区分したカテゴリーの合計数で割ったもの。

例2では、A_a の相対度数 $\left(= \dfrac{n_{Aa}}{n_{Aa} + n_{Ab}} \right)$、$A_b$ の相対度数 $\left(= \dfrac{n_{Ab}}{n_{Aa} + n_{Ab}} \right)$

B_a の相対度数 $\left(= \dfrac{n_{Ba}}{n_{Ba} + n_{Bb}} \right)$、$B_b$ の相対度数 $\left(= \dfrac{n_{Bb}}{n_{Ba} + n_{Bb}} \right)$

クロス集計とは

2個以上のカテゴリーのデータを組み合わせてそれぞれの該当する度数を集計すること。

相関とは

量的変数どうしの関係（相関係数）で散布図で表す。

連関とは

質的変数どうしの関係でクロス集計表で表す。

　ここではクロス表についてお話しましょう。クロス表というのは、2つ以上の名義尺度の変数どうしの関係を、表の形式で集計したもので、χ^2 検定を行うときに用いられます。表の見方は、クロスという名前の通り、交差する表を読み取ります。

　では、クロス表の特徴を見ていきましょう。クロス表では、X と Y のように2つ以上の独立変数を組み合わせて、従属変数を表の中に表記してあります。その場合、X、Y がいくつかのカテゴリーに分けて表記されています。例1では、変数 X が k 個のカテゴリー、変数 Y が l 個のカテゴリーで表されています。この表を $k \times l$ のクロス表といい、この表の中には（$k \times l$）個のマス

目があります。

また、X、Yの変数でそれぞれのカテゴリーが2個ずつのものを2×2のクロス表といいます。2×2のクロス表にあっては例2の場合、$n_{Aa} \cdot n_{Bb} = n_{Ba} \cdot n_{Ab}$、$\dfrac{n_{Aa}}{n_{Ab}} = \dfrac{n_{Ba}}{n_{Bb}}$のとき、2つの質的変数$XY$の間には連関が全くありません。また、$n_{Aa} = n_{Bb} = 0$あるいは$n_{Ab} = n_{Ba} = 0$、$\dfrac{n_{Aa}}{n_{Aa}+n_{Ab}} = 1$かつ$\dfrac{n_{Ba}}{n_{Ba}+n_{Bb}} = 0$あるいは$\dfrac{n_{Aa}}{n_{Aa}+n_{Ab}} = 0$かつ$\dfrac{n_{Ba}}{n_{Ba}+n_{Bb}} = 1$のとき、2つの質的変数$XY$の間には連関があるということになります。

なお、連関とは、質的変数どうしの関係をいい、クロス集計表や連関係数で表します。また、似た用語に相関がありますが、相関とは、量的変数どうしの関係をいい、散布図や相関係数で表します。

最後に、クロス表に見られる相対度数と周辺度数についてお話ししましょう。相対度数というのはそれぞれのカテゴリーの度数を、区分したカテゴリーの合計度数で割ったものをいいます。つまりそのカテゴリーの度数の割合を表しています。全体の数がばらばらだと、数で比較しても分かりにくいため、数ではなく割合で表すということがよくありますが、それと同じです。周辺度数は、合計などのように、表の端にある数字のことをいいます。

身近なことから考えてみると…

20代の男女に、「ピンクとグリーンではどちらが好きですか」というアンケートをして、男女における好きな色に相違があるのか否かを見る場合のように、変数が2つでカテゴリーが2×2や、カテゴリーが3つ以上で変数間の関係を見る場合などに、クロス表は用いられます。

問題

1. 次のクロス表は、ある高校2年生の男子と女子に、英語と数学のどちらが得意かについてアンケートを行ったものである。このクロス表を、相対度数にしたクロス表にして下さい。

2×2のクロス表による男女間の英語・数学得意アンケート

性別＼得意科目	英語	数学	計
男子	8	32	40
女子	18	6	24
計	26	38	64

2．50代の人の場合、車の運転への関心が男女によって異なるかどうかをアンケート調査した。性別と車の運転への関心の有無との間に全く関係がないものとして下のクロス表を完成させなさい。

車の運転が好き・苦手

	好き	苦手	計
50代の男性	（ア）	（イ）	（ウ）
50代の女性	20（人）	（エ）	120（人）
計	（オ）	（カ）	300（人）

解答

1．それぞれの相対度数は、

男子の場合 $\frac{8}{40}$、$\frac{32}{40}$　　女子の場合 $\frac{18}{24}$、$\frac{6}{24}$　　合計相対度数 $\frac{26}{64}$、$\frac{38}{64}$

	英語	数学	計
男子	0.20	0.80	1.00
女子	0.75	0.25	1.00
合計相対度数	0.41	0.59	1.00

2．まず（エ）が、120－20＝100人と決まる。

また（ウ）は、300－120＝180人と決まる。

次に性別と車の運転への関心の有無が全く関係がないので、

（ア）×（エ）＝（イ）×20だから（ア）×100＝（イ）×20

（ア）：（イ）＝1：5と分かる。

（ウ）が180人だから（ア）と（イ）を1：5に比例配分すれば

（ア）$180 \times \dfrac{1}{1+5} = 30$　　（イ）$180 \times \dfrac{5}{1+5} = 150$

　　答え　（ア）30人　（イ）150人　（ウ）180人　（エ）100人　（オ）50人　（カ）250人

心理統計ではこう使う

　例えば、不登校の生徒群とそうでない生徒群に、不安度を測定するテストを行い、その点数を見ることで生徒の不安度と不登校の関係を明らかにする場合などに用いられます。

　その他には、「孤独感の類型判別尺度」を用いて、その点数を見ることで、人間どうしの理解共感と人間の個別性を明らかにする場合などにも用いられます。この場合、（人間の個別性に気付いていない・人間どうしは理解できると思う）A型、（人間の個別性に気付いていない・人間どうしは理解できないと思う）B型、（人間の個別性に気付いている・人間どうしは理解できないと思う）C型、（人間の個別性に気付いている・人間どうしは理解できると思う）D型に分け、2×2のクロス表に表すことができます。

Q3 χ^2検定って何？

χ^2検定とは
- 名義尺度間の関連を調べるための検定。
- カテゴリーごとの散らばり具合を期待値と照らし合わせて検定する。
  例…年齢別、地域別に与えられる人数などの度数と、その度数から算出された比率の差の検定。

検定の対象
　名義尺度、名義尺度間の連関

検定を行う理由
　観察値と期待値がどの程度一致しているかを見るため。

χ^2分布
　χ^2検定を行うのに必要とされる。

χ^2分布は自由度とともに変わる

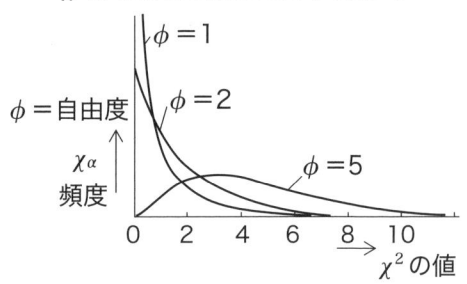

$\phi=1$
$\phi=$自由度
$\phi=2$
$\chi\alpha$
頻度
$\phi=5$
χ^2の値

χ^2分布の特色
① 独立な標準正規分布に従う変数の2乗和の分布
② 変数の数…自由度
③ 自由度が大きくなるほど標準正規分布に接近

$$\chi^2 = \sum \frac{(実現値-期待値)^2}{期待値}$$

$$\chi^2 = \sum \frac{(R-h)^2}{h}$$　　　　※ $R=$実現値、$h=$期待値

χ^2検定を行う手順
① 帰無仮説の設定…2つ以上のカテゴリーの度数orその度数から算出された比率に差はない
② 有意水準である値αの設定…5％ or 1％が普通

> ③ χ^2 の計算式に入れて χ^2 の値を算出
> ④ 自由度を求める
>   … χ^2 検定の場合、
> df(自由度)＝(行のカテゴリー数－1)(列のカテゴリー数－1)
> ⑤ χ^2 分布表を使用して、χ^2 の値が棄却域に入るか否かを判断

　χ^2 検定は、年齢別、地域別に与えられる人数などの度数や、その度数から算出された比率の差、すなわち質的データである名義尺度間の連関を調べるために使われる検定です。観察値と期待値が、どの程度一致しているかを見るために行います。

　χ^2 検定は、カテゴリーごとの散らばりの度合いを、期待値と照らし合わせるという方法をとります。この際、χ^2 分布の性質を利用しますが、χ^2 分布の特徴は以下の通りです。χ^2 分布は、独立な標準分布に従う変数の2乗和の分布で、自由度は変数の数を表します。また、上記の図で示しているように、自由度が大きくなるほど標準正規分布に接近していきます。χ^2 の値は、実現値から期待値を差し引いたものを2乗し、それを期待値で割れば求められます。

　では、χ^2 検定を行う手順を立てましょう。

　まず、「2つ以上のカテゴリーの度数あるいはその度数から算出された比率に差がない」といった帰無仮説を設定します。そして、有意水準を5％あるいは1％に設定します。次に χ^2 の計算公式を利用して χ^2 の値を算出します。次に、自由度を求めます。χ^2 検定の場合、自由度は、df＝(行のカテゴリー数－1)(列のカテゴリー－1)で求めることができます。最後に、χ^2 表を使用して、有意水準 α と検討するデータの自由度とがクロスする値を読み取ります。その値が棄却域に入るか否かを、算出した χ^2 の値を見て判断します。棄却域に入る場合は、帰無仮説を棄却、すなわち設定したモデルの「2つ以上のカテゴリーの度数あるいはその度数から算出された比率には差がある」とした結論を出します。棄却域に入らない場合には、判断を保留します。

身近なことから考えてみると…

　Aデパートとbデパートの食品・衣料・家具の売り上げデータを比べて、Aデパートの食品は売れているかどうかを考える場合などに、χ^2検定を使います。この場合、帰無仮説は「AデパートとBデパートの食品の売り上げは差がない」となり、対立仮説は「AデパートとBデパートの食品の売り上げには差がある」となります。

　計算したχ^2値と表を比べて、表の値より大きければ、5％もしくは1％よりも小さい確率でしか起こらないことが起きた、つまり帰無仮説が間違っていたことになり、帰無仮説を棄却します。この場合、AデパートもしくはBデパートが、食品が売れているという結論になります。つまり、χ^2値が表の値より小さければ、帰無仮説を採択し、2つのデパートの食品の売り上げには差がない、大きければ2つのデパートにおいて食品の売り上げには差があるとなります。

問題

　下記のある人物に対する200人のアンケート評価に関して、好意率$\left(\frac{120}{200}\right)$と嫌悪率$\left(\frac{80}{200}\right)$とを比較して回答が一方に偏っているだろうか。

ある人物に対するアンケート

	好き	嫌い	計
観察度数	120	80	200
期待値	100	100	200

解答

①帰無仮説の設定　→　「好意と嫌悪の率には差がない」

②有意水準を5％に設定

③χ^2値の算出　→　$\chi_0^2 = \frac{(120-100)^2}{100} + \frac{(80-100)^2}{100} = \frac{800}{100} = 8$

④カテゴリーは、好き、嫌いの2つ　→　自由度$(df) = 2 - 1 = 1$

⑤ χ^2分布の表より、自由度(df)＝1の場合、有意水準1％では$\chi_{0.01}^2 = 6.63$
算出したデータである$\chi_0^2 = 8$より、帰無仮説は棄却する。結果として「好意と嫌悪に差があるといえる。　　　　　　　　　　　　答え　好意と嫌悪に差があるといえる

― 心理統計ではこう使う ―

相手の性格によって不安定な（嫌な）気分になるのは、相手がどんな性格であるときかを調べるために、100人にアンケートを実施して、その結果、次の表のようになったとします。

不安定な気分になる相手の性格

	冷たい	陰気	不誠実	鈍感	自己中心的	合計
人数	9	25	22	10	34	100

この結果を見て、ここに提示した5つの特性の選択率について、人によって差があるか否かを判断する場合などに、χ^2検定は用いられます。

Q4　χ^2検定の種類と解法

χ^2検定の対象
　名義尺度・名義尺度間の連関
χ^2の種類（型）
　①カテゴリー数k型
　　自由度$df = (k-1)$
　　$\chi^2 = \dfrac{(観察値1 - 期待値)^2}{期待値} + \dfrac{(観察値2 - 期待値)^2}{期待値}$
　　$+ \cdots\cdots \dfrac{(観察値k - 期待値)^2}{期待値}$

　②2×2型
　　(A)　有対応型（対応のある）（表1）
　　　…表1参照
　　　自由度$df = 2 - 1 = 1$
　　　期待値 $= \dfrac{(n_2 + m_1)}{2}$
　　　$\chi_0^2 = \dfrac{(n_2 - m_1)^2}{(n_2 + m_1)}$

	(after)		
(before)		Yes	No
	Yes	n_1	n_2	$n_1 + n_2$
	No	m_1	m_2	$m_1 + m_2$
		$n_1 + m_1$	$n_2 + m_2$	N

　　(B)　無対応型（対応のない）…表2参照
　　　自由度$df = (2-1) \times (2-1) = 1$
　　　左上のマスの期待度数 $= \dfrac{(n_1 + n_2)(n_1 + m_1)}{N}$
　　　左下のマスの期待度数 $= \dfrac{(m_1 + m_2)(n_1 + m_1)}{N}$
　　　右上のマスの期待度数 $= \dfrac{(n_1 + n_2)(n_2 + m_2)}{N}$
　　　右下のマスの期待度数 $= \dfrac{(m_1 + m_2)(n_2 + m_2)}{N}$

$$\chi_0^2 = N \frac{(n_1 m_2 - n_2 m_1)^2}{(n_1+n_2)(m_1+m_2)(n_1+m_1)(n_2+m_2)}$$

③ $k \times l$ 型

自由度 $df = (k-1) \times (l-1)$

$$\chi_0^2 = N \left\{ \Sigma\Sigma \frac{(O_{ij})^2}{K_i K_j} - 1 \right\}$$

④ イエーツ修正型（2×2型のとき）

　(i) データ数が少ないとき

　　　　or

　(ii) セルの中に、5 より小さい
　　　 観測値がある場合

　自由度 $df =$ カテゴリー数による
　　　　　　（2×2の時は $df = 2-1 = 1$）

期待度数＞5

(表2)

n_1	n_2	n_1+n_2
m_1	m_2	m_1+m_2
n_1+m_1	n_2+m_2	N

$$\chi_0^2 = \frac{N\left\{|n_1 m_2 - n_2 m_1| - \frac{N}{2}\right\}^2}{(n_1+n_2)(m_1+m_2)(n_1+m_1)(n_2+m_2)}$$

⑤ フィッシャーの正確確率検定

　(i) セルの中に0に近似した値があるとき

　　　　or

　(ii) 期待度数が5より小さいとき

　　　　or

　(iii) 周辺度数が10以下程度の小さな値のとき

　自由度 $df =$ カテゴリー数による

$$P = \frac{(n_1+n_2)!\,(m_1+m_2)!\,(n_1+m_1)!\,(n_2+m_2)!}{N!\,n_1!\,n_2!\,m_1!\,m_2!}$$

さらに周辺度数を固定した条件で極端な全ての組み合わせの生じる確率を足し合わせる。

χ^2 を解く時のポイント

> カテゴリー数に注目し、型を見分ける
>   行が1つのカテゴリー　　　　　　→①カテゴリー数 k 型
>   行が2つ、列が2つのカテゴリー　→②2×2型
>   行・列が複数のカテゴリー　　　　→③ $k×l$ 型
> ※④イエーツ型　⑤フィッシャーの正確確率検定　は2型の例外
> ※ただしカテゴリーに期待値（E）が入っている場合があるので、それをカテゴリー数として数えないように注意！

　χ^2 検定に関連して、その種類と解法を説明してみましょう。前の箇所で χ^2 検定をしましたが、これはカテゴリー数 k 型で、シンプルな分かりやすいものでした。この他に、2×2型の有対応型・無対応型、$k×l$ 型、イエーツ修正型、フィッシャーの正確確率検定があります。

　χ^2 を解くときには、カテゴリー数に注目し、型を見分ける必要があります。行が1つのカテゴリーであればカテゴリー数 k 型、行が2つで列が2つのカテゴリーであれば2×2型、行と列が複数のカテゴリーであれば $k×l$ 型になります。イエーツ修正型、フィッシャーの正確確率検定は、2×2型の例外の場合に使用されるものです。目安としてはデータ数が少なく、セルの中に5より小さい観測値があり、かつ期待度数が5より大きいときはイエーツ修正型を、セルの中に0に近似した値があるとき、期待度数が5より小さいとき、また周辺度数が10以下程度の小さな値のときは、フィッシャーの正確確率検定を用います。なお、カテゴリー数を数える際に、期待度数（E）をカテゴリー数として数えてしまわないように注意して下さい。

　また、2×2型には、有対応型と無対応型があります。有対応型とは、「予備知識を与えられてないアンケート」と「説明を受けた後のアンケート」のように、同じ観察でも、時期を前後して行うことによりデータ変化が見られるものをいいます。無対応型は、1回目と2回目のアンケートに答える人が、全く別の人である場合をいいます。

　それぞれの自由度、期待度数、χ_0^2 の数値の求め方については上記にまとめてありますので、確認して下さい。

身近なことから考えてみると…

2×2型の有対応型は、「公開演説により、ある政党への支持がどう変化したか」を問うアンケートなどに用いることができます。つまり「政党支持率に演説前後で変化があったか」を見ます。この場合（イ）演説前支持で演説後不支持、（ロ）演説前不支持で演説後支持、といったグループを見て、（イ）と（ロ）が同数であるという帰無仮説を立てます。そうすると $\chi^2 = \dfrac{(n_2 - m_1)^2}{n_2 + m_1}$ を求めて自由度1を χ^2 分布表より読み取ればよいでしょう。

政党支持率に演説前後で変化があったかどうか（2×2型の有対応型）

		公開演説後		
		支持	不支持	
公開演説前	支持	n_1	n_2	$n_1 + n_2$
	不支持	m_1	m_2	$m_1 + m_2$
		$n_1 + m_1$	$n_2 + m_2$	N

次に無対応型の場合、A駅とB駅それぞれの場所で、ある政党についての支持を調査した場合、つまり「地域による政党支持率の違い」を見る場合などに用いられます。この場合、A駅とB駅の有権者の政党支持率に差がないという帰無仮説を立てます。そして、

$$\chi^2 = \dfrac{N(n_1 m_2 - n_2 m_1)^2}{(n_1 + n_2)(m_1 + m_2)(n_1 + m_1)(n_2 + m_2)}$$

の式に入れて算出していきます。その上で、自由度1と算出した値を有意水準の値と比較していきます。

地域による政党支持率の違い（2×2型の無対応型）

	支持	不支持	
A 駅	n_1	n_2	$n_1 + n_2$
B 駅	m_1	m_2	$m_1 + m_2$
	$n_1 + m_1$	$n_2 + m_2$	N

$k \times l$ 型の場合、現代、社会人と学生で不安に関する反応の比率に差があるかを調べる場合などに用います。まず自由度は $(k-1)(l-1)$ で、

$$\chi_0^2 = N\left\{\Sigma\Sigma\frac{(O_{ij})^2}{k_i \times l_j} - 1\right\}$$ を χ^2 分布表で求めて判断します。

社会人と学生の不安に関する反応（$k \times l$ 型）

	大いに感じる(k_1)	少し感じる(k_2)	感じていない(k_3)	
社会人(l_1)	20 (O_{11})	5 (O_{12})	15 (O_{13})	40
学生(l_2)	15 (O_{21})	25 (O_{22})	20 (O_{23})	60
	35	30	35	100

問題

1. 小学6年生の担任をしている120名の男女の教師に生徒との関係についての調査をした。良好であると答えたのは、男性教師28人中13人、女性教師では92人中72人であった。このことより男性教師と女性教師では良好とした比率に差はあるか。
2. 喫煙についての賛否を100人の大学生を対象に調査したところ、40%が賛成の表示をした。その後、医師に「肺がんと喫煙」の関係についてスライドを用いた講演をしてもらい、再び100人に調査したところ、58%の人が賛成と答えた。両方のアンケートに賛成した人は32人であった。以上の結果を基にして、公演前後で賛成率が変化したといえるか。

解答

1.

	良好	良好でない	
女性教師	72	20	92
男性教師	13	15	28
合計	85	35	120 (N)

帰無仮説「男性教師と女性教師では、良好と答えた比率に差がない」

公式より、 $\chi_0^2 = \dfrac{120 \times (72 \times 15 - 20 \times 13)^2}{92 \times 28 \times 85 \times 35} \fallingdotseq 10.52$

自由度 $df = (2-1)(2-1) = 1$

χ_0^2 分布表では、有意水準5％のとき臨界値＝3.84、1％のとき臨界値＝6.63

したがって、$\chi_0^2 = 10.52$ は有意水準5％でも1％でも棄却される。

答え　男性教師と女性教師では生徒の対応に有意差がある。良好と応えた教師の比率は女性教師の方が高い。

2.

	講演後		
	賛	否	
講演前 賛	32 (A)	8 (B)	40
講演前 否	26 (C)	34 (D)	60
合計	58	42	100 (N)

帰無仮説「公演前に賛成で後で反対になったものと公演前に反対で後で賛成になったものが等しい」

帰無仮説より、BとCのセルが同数と仮定すると、期待値 $= \dfrac{26+8}{2} = 17$

df(自由度) $= 2-1 = 1$

公式より $\chi_0^2 = \dfrac{(8-26)^2}{8+26} = \dfrac{324}{34} = 9.52$

$\alpha = 1\%$ の時、臨界値が6.63だから $\chi_0^2 = 9.52$ は棄却される。したがって帰無仮説が棄却されるので、公演の前と後では、賛成率に変化があり、賛成が増えたことになる。

答え　賛成率が変化し、賛成が増えたことになる。

― 心理統計ではこう使う ―

医療現場において、タバコ依存やアルコール依存の人に対して禁煙や禁酒をさせる場合に、医師が、タバコやアルコールが身体に及ぼす影響のビデオを用いて、その害を説明することがよくある。これは、説明前と説明後の心理変化をうまく利用して効果を上げるために、χ^2 検定などの結果が利用されているのである。

Q5 メディアン検定って何?

メディアン検定(中央値検定)とは
・順序尺度間の関係を調べるための検定。
・総データの中央値を求め、その値を基準としてデータを大小の2つに分けて行う。
　例…入院患者の1ヶ月間での回復度と心理的不安を覚える数。

検定の対象
　順序尺度、順序尺度間の連関。

メディアン検定の手順
　①全データ数値順に並べ替える
　②中央値を算出する
　③中央値を基準に大小2つにデータを分ける
　④中央値に一致するデータは、中央値より下の部類に分ける

	グループA	グループB	計
中央値より大	n_1	n_2	n_1+n_2
中央値より小	m_1	m_2	m_1+m_2
	n_1+m_1	n_2+m_2	N

　メディアン検定とは中央値検定とも呼ばれ、総データの中央値を求めて、その値を基準にしてデータを大小2つに分けて行う検定です。使用データは、順序尺度です。

　まず、全部のデータを数値順に並べます。次に中央値を算出してそれを基準に大小2つにグループを分けます。その上でχ^2検定を行って自由度1、χ_0^2を算出し、有意水準に照らして判断を行えばよいのです。

身近なことから考えてみると…

あるクラスで、ご飯が好きな生徒とパンが好きな生徒の昼食について、1ヶ月のうちで何回ファーストフードを食べているか調べたところ、以下のような結果が出たとします。このとき、「パンが好きな生徒はご飯が好きな生徒よりファーストフードを頻繁に食べる」といえるかを調べるのにメディアン検定を用います。

ご飯が好きな生徒とパンが好きな生徒が、昼食にファーストフードを食べる頻度

	ご飯が好き	パンが好き	計
15日未満	34	16	50
15日以上	12	38	50
計	46	54	100

この場合、帰無仮説は「ご飯が好きな生徒とパンが好きな生徒のファーストフードを食べる頻度に差はない」となります。ここでは1％の有意水準が $df=1$ より6.63です。χ^2 値は、

$$\chi_0^2 = \frac{(34-23)^2}{23} + \frac{(12-23)^2}{23} + \frac{(16-27)^2}{27} + \frac{(38-27)^2}{27}$$

$$= 5.26 + 5.26 + 4.48 + 4.48 = 19.48$$

計算により χ^2 値は19.48なので、帰無仮説は棄却して、差があるということになるので、「パンが好きな生徒は、ご飯が好きな生徒よりファーストフードを頻繁に食べるといえる」という結論になります。

問題

学校を欠席しがちな子どもは、友人との人間関係に不安を持っているという仮説を検証するために、ある中学校の2年生から無作為に学校欠席率が20％以上のグループと20％未満のグループを選び出して、友人との人間関係形成に関する不安調査を行い、不安得点を調べたところ、中央値が算出され、以下のような2×2の分割表になった。このことから、学校を欠席しがちな子どもの方が人間関係に関しての不安を持っているといえるだろうか。

欠席率による友人との人間関係形成に関する不安調査

	欠席率20％未満	欠席率20％以上	計
高不安スコアー者	4	18	22
低不安スコアー者	16	6	22
合計	20	24	44

解答

帰無仮説 H_0「欠席率20％以上の子どもの不安スコアーの中央値と、欠席率20％未満の不安スコアーの中央値には差がない」

対立仮説 H_1「欠席率20％以上の子どもと20％未満の子どもには差がある」

どちらの方向に統計の結果が向いているのかを見るために片側検定を行う。

E（期待度数）は、$E>5$、また度数の中に5より小さい数があるのでイエーツの度数修正を使用。

$$\chi_0^2 = 44 \times \frac{\left(\left|4\times 6 - 16\times 18\right| - \frac{44}{2}\right)^2}{22\times 22\times 20\times 24} \fallingdotseq 11.09$$

$df=1$ での1％水準では6.63。

帰無仮説は棄却され、欠席率20％以上の子どものほうが20％未満の子どもよりも不安スコアーが高い。

答え　学校を欠席しがちな子どもの方が、人間関係に関して不安を持っているといえる。

心理統計ではこう使う

入院癌患者の回復度と、彼らが抑うつや不安といった心理的不安を訴えるのが1ヶ月あたり15日以上か15日未満かを追跡調査して、心理的不安を訴える数と回復度にどのような関係があるかを判断する場合などにメディアン検定は用いられます。

Q6 F検定って何？

F検定
- 間隔尺度・比率尺度間の関係を調べるための検定。
- 各標本群が別々の母集団から抽出されたとき、それらの母集団の分散が等しいかどうかを検定する。
  例…t検定が可能か否かを見るために、母集団の分散の関係を見る。

検定の対象
  間隔尺度・比率尺度、間隔尺度間・比率尺度間の連関

どんなときに使うか
- t検定のときに用いられる。
- 各分散が未知のときに用いられる。

検定を行う理由
- 通常のt検定を行えば良いのか、ウェルチの検定を使うのかを判断するため。
- 2要因のときは交差効果を見るため。

F分布
- 2つの母分散の比を表したもの。
- χ^2分布に独立して従う確率変数であるχ_1^2、χ_2^2で定義され、2つの自由度を持つ。

F分布のグラフの特徴
- 2つの自由度によってグラフの形が変化する。

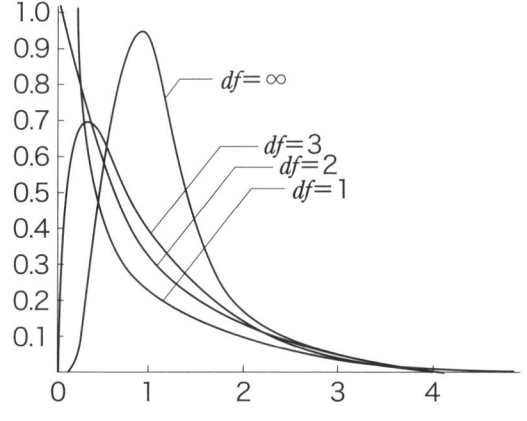

Fの確率分布

- t 分布や正規分布のように左右対称にならない。

$$F=\frac{(S_1')^2}{(S_2')^2}=\frac{\frac{\sum(x_i-\bar{x})^2}{n_1-1}}{\frac{\sum(y_i-\bar{y})^2}{n_2-1}} \qquad ※(S_1')^2、(S_2')^2は2つの正規母集団$$

① 帰無仮説の設定。
② 2つの不偏分散の比を算出。
③ F検定表を用いて、2つの自由度を使って有意水準を決めて棄却するか否かを検討する。
④ 求めた F_0 と分散表を比較して判断する。

　F検定は、各標本群が別々の母集団から抽出されたとき、それらの分散が等しいかどうかを検定するために、特に t 検定の前に行われます。F 検定の結果、母分散が等しければ、t 検定を行うことができます。母分散が等しくない場合にはウェルチの検定等を使います。

　F 検定は、2つの母分散の比を表した F 分布を使用します。F 分布の特徴は、χ^2 分布に独立して従う確率変数である $(S_1')^2$、$(S_2')^2$ で定義され df_1 と df_2 の2つの自由度を持ちます。グラフの特徴は第1に2つの自由度によって、形が変化します。第2に t 分布や正規分布のように左右対称にはなりません。

　F 検定には、このような特徴がありますが、仮定が既知のとき、つまり2つの母分散が等しいと分かっているとき、または対応のある場合や母分散が異なることが分かっているときには F 検定の必要はありません。

身近なことから考えてみると…

　2つの分散を検討するときに用いられます。よく飲まれるお酒に、ビール・ワイン・ウイスキーなどがあります。これらのお酒とチーズ・ハム・えだ豆のおつまみを組み合わせた時、お酒の種類によるおいしさとおつまみの種類によるおいしさがありますね。このような組み合わせを行い、どの組み合わせが1番おいしいかを見るときに使われます。

問題

「事務職の公務員は、創造性を要する仕事が苦手である」という仮説を検証するために、会社員9人と事務職公務員10人に「創造性尺度」テストを実施した。このテストは、得点が高ければ高いほど創造性が優れていることを表す。その結果は以下のようになった。このことからこのデータを t 検定せよ。

会社員　57、21、47、52、32、18、40、28、25
公務員　22、28、14、32、17、19、26、11、20、21

解答

帰無仮説 H_0：創造性を要する仕事に対する、仕事の得手・不得手の会社員の母集団の分散と公務員の集団の分散は等しい。

まず、表を作成する。会社員のデータを x_i、公務員のデータを y_i とする。

	会社員				公務員		
	xi	$x_i - \bar{x}$	$(x_i - \bar{x})^2$		y_i	$y_i - \bar{y}$	$(y_i - \bar{y})^2$
x_1	57	21.5	462.25	y_1	22	1.3	1.69
x_2	21	−14.5	210.25	y_2	28	7.3	53.29
x_3	47	11.5	132.25	y_3	14	−6.7	44.89
x_4	52	16.5	272.25	y_4	32	11.3	127.69
x_5	32	−3.5	12.25	y_5	16	−4.7	22.09
x_6	18	−17.5	306.25	y_6	17	−3.7	13.69
x_7	40	4.5	20.25	y_7	26	5.3	28.09
x_8	28	−7.5	56.25	y_8	11	−9.7	94.09
x_9	25	−10.5	110.25	y_9	20	−0.7	0.49
				y_{10}	21	0.3	0.09
計	320		1582.25	計	207		386.1

会社員の平均と自由度は、$\bar{x} = 35.5$　$df_1 = 9 - 1 = 8$ となる。

公式より　$(S_1)^2 = \dfrac{1582.25}{8} = 197.78$

公務員の平均と自由度は、$\bar{y} = 20.7$　$df_2 = 10 - 1 = 9$ となる。

公式より　$(S_2)^2 = \dfrac{386.1}{9} = 42.9$

分散比（F値）は、

$F_0 = \dfrac{(S_1')^2}{(S_2')^2} = \dfrac{197.78}{42.9} = 4.61$

この時、分散が大きい方を df_1、小さい方を df_2 とする。資料4「F の臨界値（5％）」より、df_1 は行、

df_2 は列となるので、交差するところを読みとると、帰無仮説は棄却される。よって、2組の分散は異なる。

また、F値の計算結果は、通例 F_0 (8, 9) = 4.61、または F_0 = 4.61 $df = \frac{8}{9}$ と表記する。このデータでは、通常のt検定を行うことはできない。

ところで、本題において、逸脱することになるが、この場合は分散が等しくないので、ウェルチの検定を行うことになる。公式は次のようになる。

$$t'_0 = \frac{\overline{X_1} - \overline{Y_1}}{\sqrt{\frac{(S_1)^2}{n_1} + \frac{(S_2)^2}{n_2}}} \qquad df = \frac{\left(\frac{(S'_1)^2}{n_1} + \frac{(S'_2)^2}{n_2}\right)^2}{\left(\frac{(S'_1)^2}{n_1}\right)^2 \frac{1}{n_1 - 1} + \left(\frac{(S'_2)^2}{n_2}\right)^2 \frac{1}{n_2 - 1}}$$

帰無仮説は、H_0：2つの母平均は等しい。

それぞれ数値を代入すると、

$$t'_0 = \frac{35.5 - 20.7}{\sqrt{\frac{197.78}{9} + \frac{42.9}{10}}} = \frac{14.8}{\sqrt{21.97 + 4.29}} = \frac{14.8}{5.12} \fallingdotseq 2.89$$

$$df = \frac{\left(\frac{197.78}{9} + \frac{42.9}{10}\right)^2}{\left(\frac{197.78}{9}\right)^2 \frac{1}{9-1} + \left(\frac{42.9}{10}\right)^2 \frac{1}{10-1}} = \frac{(21.97 + 4.29)^2}{60.36 + 2.04}$$

$$= \frac{689.58}{62.4} = 11.05 \fallingdotseq 11$$

資料2「tの臨界値」より $t'_0 = 2.89$、$df = 11$ では、$t(0.05) = 2.20$ より、5％の有意水準で帰無仮説は棄却される。よって、「創造性を要する仕事に対する、仕事の得手・不得手の会社員の母集団の平均と公務員の集団の平均には差がある」となる。

― 心理統計ではこう使う ―

　心理統計ではt検定を行うにあたって、分散が等しくなるか否かを見なければなりません。その際に用いるのはF検定です。F検定を行って分散が等しくなれば、t検定を行うことができます。一方、分散が等しくないときには、ウェルチの検定式を用いることになります。

Q7 t検定って何？

t検定とは
- 間隔尺度・比率尺度間の関係を調べる。
- 母集団の平均値の差に違いがあるかどうかを調べる時に用いる。
- 独立（対応のない）測定の場合、2つの条件下で測定された平均値が、その条件下で差があるかどうかを検定するもの。
- 2つの平均値の差の検定
- t分布が必要とされる。
    例…担当教師の指導法による授業成果を見るため、母集団の平均値の差の研究

t検定の前提条件
 ①データが正規分布をなしている。
 ②データが等分散をなしている。

t検定の対象
 間隔尺度・比率尺度間の連関

t値（平均の値を表す統計量）
$$t = \frac{標本の平均の差}{標本平均の標準誤差}$$

t分布の特徴
 ①母集団Aからサンプルした標本と母集団Bからサンプルした標本Bにおいて、標本平均A－標本平均Bを繰り返したもの。

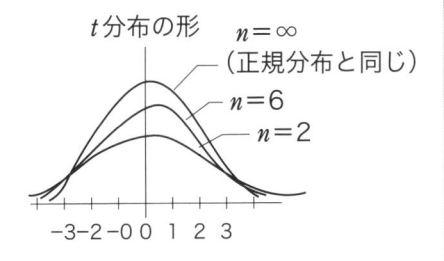

t分布の形　$n=\infty$（正規分布と同じ）、$n=6$、$n=2$

tの値
サンプル平均A－サンプル平均B
 を何度も繰り返す

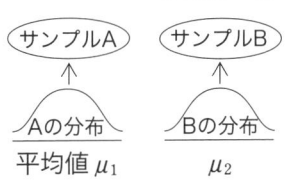

サンプルA ← Aの分布　平均値 μ_1
サンプルB ← Bの分布　μ_2

標準偏差 $\dfrac{\sigma_1}{\sqrt{N_1}}$　$\dfrac{\sigma_2}{\sqrt{N_2}}$ → $t = \dfrac{|\overline{A} - \overline{B}|}{\sqrt{\dfrac{\sigma_1^2}{N_1} + \dfrac{\sigma_2^2}{N_2}}}$

②母集団から標本を抽出する数 n で分布の形が変わる。
③自由度が非常に大きくなると正規分布とみなせる。
④分布の中心0から t 以上離れた値が出てくる確率を表したもの。

t 検定を行う手順
①帰無仮説の設定→母集団の2つの平均値間に差はない
②有意水準である $α$ の設定→5％　or　1％が普通
③ t の計算式に入れて t_0 の値を求める
④自由度を求める
　各条件の標本数を n_1、n_2 とすると、
　・対応のない場合→自由度 $df=n_1+n_2-2$
　・対応のある場合
　　標本数 n の時→自由度 $df=n-1$
⑤ t 分布表を使用して求めた t_0 の値が棄却域に入るか否かを判断
　・帰無仮説を採択した時→有意差はない
　・帰無仮説を棄却した時→対立仮説を採択「有意差がある」

　t 検定は、母集団の平均値の差に違いがあるかどうかを調べるとき、独立な測定の場合、2つの条件下で測定された平均値がその条件下で差があるかどうかを検定するときに使われます。

　t 検定の前提条件としては、第1にデータが正規分布をなしていること、第2にデータが等分散をなしていることが必要です。検定の対象は、間隔尺度や比率尺度で、多くの場合、距離データを使用します。検定に使う材料は、平均値、標準偏差、データ数などです。

　この t 検定で利用されるのが t 分布です。t 分布の特徴は、母集団から標本を抽出する数（n）により分布のかたちが変わることです。n が大きいほど、また、自由度が大きいほど正規分布に近付きます。なお t 分布は、分布の中心0から t 以上離れた値が出てくる確率を表したものです。

　では、t 検定を行う手順を見ていきましょう。まず「母集団の2つの平均値間に差はない」といった帰無仮説を設定します。その上で、有意水準を5

％あるいは1％に設定します。次にt_0の計算公式に代入してt_0の値を算出します。その上で、自由度を求めます。t_0検定の場合、各条件の標本数がn_1、n_2で対応のない場合は、自由度$df = n_1 + n_2 - 2$になり、標本数がnで対応のある場合は、自由度$df = n - 1$になります。

このようにして求めた自由度とtの有意水準に見合う値を、t分布を使って調べ、t_0が棄却域に入るかどうかを判断します。その結果、帰無仮説を採択したときには、「有意差はない」と結論を下し、帰無仮説を棄却した場合には、対立仮説を採択し、有意差があると結論を下します。

身近なことから考えてみると…

教育や心理における2つの平均値の比較のために、t検定が用いられます。

例えば、新しい指導法と旧来の指導法の効果の差異を見るために、1組に新しい指導法で教え2組に旧来の指導法で教えます。その後1組と2組のテストを行って、点数に差があるかどうかを検討するときにt検定を使います。

基本的には平均値で考えますが、点数の分散を考えないと、簡単に差があるとはいえないので、t検定を行うのです。

問題

t検定とは何か。

解答

t検定とは、数量化されている量的データで、その分布状態に歪みが見られないもので、母集団の平均値の差に違いがあるかどうかを調べるとき、2つの条件下で測定された平均値がその条件下で差があるかどうかを判断するときに用いられる検定法である。

t検定の行われる条件として、第1にデータが正規分布をなしていること、第2にデータが等分散をなしていることが必要である。

そのためには、F検定を行い、分散が等しいことを確認しなければならない。分散が等しくならないときには、ウェルチの検定などを行うことになる。

検定の対象は、間隔尺度、比率尺度で使用され、多くの場合、距離データを用いる。

---**心理統計ではこう使う**---

　医療現場における患者の苦痛を心理的に和らげる方法としての、リラクゼーション法や音楽療法が、大きな開腹手術を受けた後の患者にどの程度効果があるかを調べるとします。その際、大きな開腹手術後に、①鎮痛剤だけを用いたグループと、②鎮痛剤とリラクゼーション法や音楽療法を組み合わせたグループに分け、患者の訴える痛みを点数化してそれらを比較し、その効果測定を行う場合などに t 検定を用います。

Q8　t検定の種類と解法

検定の対象
　間隔尺度・比率尺度、間隔尺度間・比率尺度間の連関
検定のながれ
　①F検定を行う→②分散が等しいことをチェックする→
　③Ⅰ．母分散が等しくない場合→ウェルチの検定を試行
　　　t検定の式

$$t_0 = \frac{|\overline{X}_1 - \overline{X}_2|}{\sqrt{\dfrac{S_1^2}{n_1} + \dfrac{S_2^2}{n_2}}}$$

ウェルチの検定の場合は、自由度を修正すれば、t分布に従うので、ウェルチの検定の自由度を求める式

$$df = \frac{\left(\dfrac{S_1^2}{n_1} + \dfrac{S_2^2}{n_2}\right)^2}{\dfrac{(S_1^2/n_1)^2}{n_1-1} + \dfrac{(S_2^2/n_2)^2}{n_2-1}}$$ 　（小数点以下切り捨て）

　　Ⅱ．母分散が等しく対応のないt検定の場合
　　　　自由度$=n_1+n_2-2$（n_1+n_2は、2つのデータ数の和）
　　　　t値を求める式

$$t_0 = \frac{|\overline{X}_1 - \overline{X}_2|}{\sqrt{\dfrac{n_1 S_1^2 + n_2 S_2^2}{n_1+n_2-2}\left(\dfrac{1}{n_1} + \dfrac{1}{n_2}\right)}}$$

　　Ⅲ．母分散が等しく対応のある検定の場合
　　　　自由度$=n-1$（データの数がnのとき）

$$t = \frac{\left|\frac{\sum_{i=1}^{n} D_i}{n}\right|}{\sqrt{\frac{n\sum_{i=1}^{n} D_i^2 - (\sum_{i=1}^{n} D_i)^2}{n^2(n-1)}}} \quad \text{or} \quad t = \frac{|\overline{X}_1 - \overline{X}_2|}{\sqrt{\frac{S_1^2 + S_2^2 - 2r(x_1, x_2)S_1 S_2}{n-1}}}$$

D_i：対応している2つのデータの差
$\overline{X}_1$, $\overline{X}_2$：各条件での平均値　　S_1, S_2：各条件での標準偏差
$r(X_1 \cdot X_2)$：相関関数　　n：データ数

　t検定は、間隔尺度や比率尺度の母集団の平均値の差に、違いがあるかどうかを検討するものです。
　t検定を行う前には、t検定が行えるかどうか、言い換えれば母分散が等しいかどうかを判断しなければなりません。その目的で行われるのがF検定です。
　F検定の結果、母分散が等しくならないときには、ウエルチの修正を行います。つまり、自由度を修正すればt分布に従うので、

$$df = \frac{\left(\frac{S_1^2}{n_1} + \frac{S_2^2}{n_2}\right)^2}{\frac{(S_1^2/n_1)^2}{n_1 - 1} + \frac{(S_2^2/n_2)^2}{n_2 - 1}}$$

としてこのとき小数点以下が出れば切り捨てます。

その上で $t_0 = \dfrac{|\overline{X}_1 - \overline{X}_2|}{\sqrt{\dfrac{S_1^2}{n_1} + \dfrac{S_2^2}{n_2}}}$ を行って判断していきます。

　F検定の結果、母分散が等しければt検定を行いますが、これには「対応のないt検定」と「対応のあるt検定」があります。対応がないとは、ある1つの、あるいは全く関連性を持たない2つ以上のカテゴリーに関して、それぞれの被検者に評価得点をつけてもらい検定するもの、他方の対応があるとは、あるカテゴリーとそれに関連性を持つもう1つのカテゴリーで、被検者にそれぞれ評価得点をつけてもらい、それを検定するものです。

F検定の結果、母分散が等しくて対応のないt検定の場合には、自由度はn_1+n_2-2で、統計量は

$$t_0 = \frac{|\overline{X}_1 - \overline{X}_2|}{\sqrt{\dfrac{n_1 S_1^2 + n_2 S_2^2}{n_1 + n_2 - 2}\left(\dfrac{1}{n_1} + \dfrac{1}{n_2}\right)}}$$

に入れて算出します。

また母分散が等しくて対応のあるt検定の自由度は$n_1 n_2$の2つのデータのときはn_1+n_2-1、データ数がnの時は$n-1$で、統計量は

$$t_0 = \frac{\left|\dfrac{\sum_{i=1}^{n} D_i}{n}\right|}{\sqrt{\dfrac{n\sum_{i=1}^{n} D_i^2 - (\sum_{i=1}^{n} D_i)^2}{n^2(n-1)}}}$$

もしくは $t_0 = \dfrac{|\overline{X}_1 - \overline{X}_2|}{\sqrt{\dfrac{S_1^2 + S_2^2 - 2r(x_1, x_2) S_1 S_2}{n-1}}}$ となります。

身近なことから考えてみると…

例えば、ある指導の効果があるかどうかを調べたいときにt検定を用いることができます。その場合、指導を受ける前と後に同じテストを行い、その結果についてt検定を行うことで、その指導に効果があったかなかったかが分かります。

問題

1. 進研アカデミーグラデュエート大学部の小論文の授業をA先生とB先生が担当しています。それらの授業を履修している受講生を無作為に選んで授業の満足度の評定を10点満点でしてもらいました。その結果次のようなデータが得られました。

授業の満足度

A先生の小論文を履修した受験生	点数	B先生の小論文を履修した受験生	点数
1	8	1	6
2	8	2	8
3	7	3	9
4	6	4	8
5	8	5	9
6	7	6	8
7	6	7	7
8	6	8	9
平均	7	平均	8
分散	0.750	分散	1
標準偏差	0.866	標準偏差	1

　この場合、B先生の評価がA先生の評価より高いといえるでしょうか。

2．スーパーの駐車場で買い物にやってきたドライバー10人に環境問題に関してアンケートをとりました。「あなたは環境を保全するための環境税導入についてどう思いますか？」といった一般的な質問と、「電気、ガソリンなどにも課税されることになりますが、あなたは環境税導入についてどう思いますか？」という個人的な質問の2つをしました。それに対して、回答の形態は、「大賛成」「かなり賛成」「どちらかといえば賛成」「どちらとも言えない」「どちらかといえば反対」「かなり反対」「大反対」の7点尺度で集計しました。大賛成を7、大反対を1とします。

環境保全に関する質問

	一般的な質問 (X_A)	個人的な質問 (X_B)	$X_A - X_B$
S_1	4	2	2
S_2	6	6	0
S_3	5	3	2
S_4	2	1	1
S_5	5	4	1
S_6	4	3	1
S_7	1	1	0
S_8	6	7	−1
S_9	3	3	0
S_{10}	4	5	−1
$\bar{X}$	4.00	3.50	0.5
SD	1.55	1.91	
分散	2.40	3.65	

　環境税導入に対する、非個人的な質問と個人的な質問との回答には差があるでしょうか。

解答

1. 平均点で評価すればB先生のほうが1点高いが、これをどのように解釈するかが問題となる。この場合、平均点に1点の差があるのでB先生のほうが受験生への受けがいいと考えるか、あるいはデータにはバラツキがあるから1点の差は取るに足らないと考えるかの2通りの解釈ができる。どう解釈するかを決めるのに検定を行って判断を下す。以下の手順で進めていく。

    F検定を行う（計算略）。その結果「母分散は等しい」。したがって、t検定ができる。

    次に帰無仮説「B先生の評価とA先生への評価には差がない」をたてる。

    対応のないt検定のため、自由度は公式にしたがって、$8+8-2=14$となる。

    次にt値を算出する。対応のないt検定であるから公式は以下の通り。

$$t_0 = \frac{|\overline{X}_1 - \overline{X}_2|}{\sqrt{\dfrac{n_1 \times S_1^2 + n_2 \times S_2^2}{n_1 + n_2 - 2}\left(\dfrac{1}{n_1} + \dfrac{1}{n_2}\right)}}$$

これに代入すると、

$$t_0 = \frac{|8-7|}{\sqrt{\dfrac{8 \times (0.866)^2 + 8 \times 1}{8+8-2}\left(\dfrac{1}{8} + \dfrac{1}{8}\right)}} = \frac{1}{\sqrt{\dfrac{8 \times 0.75 + 8 \times 1}{14} \times \dfrac{2}{8}}} = \frac{1}{\sqrt{\dfrac{1}{4}}} = 2.0$$

$t_0 = 2.0$。これを t 分布表で見ると、

自由度14　有意水準5％での臨界値が2.14

自由度14　有意水準1％での臨界値が2.98

なので、$t_0 = 2.0$で帰無仮説は採用され、「B先生の評価とA先生の評価には差がない」という結果になる。　　　　　　　　　　答え　B先生の評価とA先生の評価には差がない。

2．「対応あり」とは、この例のように、同じ被験者に別々の質問を行い、それぞれに対して別々のデータを得ており、かつそのデータには個人のうちにある心理変化が加わっているものをいう。

F 検定を行う（計算略）。その結果「母分散は等しい」。したがって、t 検定ができる。

次に帰無仮説「環境税導入に関して、非個人的な質問と個人的な質問の間には有意差がない」をたてる。

自由度は対応ありで標本数10であることから、$df = 10 - 1 = 9$

次に t 値を算出します。対応のある t 検定であるから公式は以下の通り。

$$t = \frac{\left|\dfrac{\sum\limits_{i=1}^{n} D_i}{n}\right|}{\sqrt{\dfrac{n\sum\limits_{i=1}^{n} D_i^2 - \left(\sum\limits_{i=1}^{n} D_i\right)^2}{n^2(n-1)}}}$$

これに代入すると

$$t_0 = \frac{\left|\dfrac{5}{10}\right|}{\sqrt{\dfrac{10 \times 13 - 5^2}{10^2(10-1)}}} = \frac{\dfrac{1}{2}}{\sqrt{\dfrac{105}{100 \times 9}}} = \frac{1}{2} \times \frac{1}{\sqrt{\dfrac{105}{100 \times 9}}} = \frac{1}{2 \times \sqrt{\dfrac{105}{900}}} = \frac{1}{2 \times \dfrac{\sqrt{105}}{30}} = \frac{1}{\dfrac{\sqrt{105}}{15}}$$

$$= \frac{15}{\sqrt{105}} \fallingdotseq 1.46$$

有意水準を5%とすると、自由度9のときの臨界値は2.26より、帰無仮説は採用される。ゆえに「環境税導入に関する非個人的な質問と個人的な質問の間には有意差はない」と判断される。

　　答え　環境税導入に関して、非個人的な質問と個人的な質問との回答には差がない

心理統計ではこう使う

　心理的な動揺が、作業能率にいかに影響を及ぼすかを見る場合などにt検定は用いられます。その場合、例えば20人を対象に、同じ四則計算からなる計算問題を、心理的な同様を与える前と与えた後に行って、その正解数を検討するという手順を踏みます。

Q9　U検定って何？

U検定（マン・ホイットニー検定）とは
　・順序尺度、順序尺度間の関係を調べる検定。
　・2つの順序尺度データの関係について、中央値に差があるかどうかを判断するもの。

U検定の前提条件
　$n \leq 20$（$n_1 n_2$が20以下）のときに用いることができる。
　※t検定とは異なり、正規分布の仮定を必要としない

検定の対象
　順序尺度・順序尺度間の連関

検定を行う理由
　2つの母集団の分布の平均が等しいという仮説に基き、各々の独立な母集団から無作為にとった標本に差があるか調べるため。

U検定の公式

$$U_1 = n_1 \cdot n_2 + \frac{n_1(n_1+1)}{2} - S_1 \qquad S_1 = 順位和（1群）$$
$$U_2 = n_1 \cdot n_2 + \frac{n_2(n_2+1)}{2} - S_2 \quad \text{or} \quad U_2 = n_1 n_2 - U_1 \qquad S_2 = 順位和（2群）$$

※公式を用いて統計量を計算し、小さい方の値をU_0とする。
　統計量U_0と、測ろうとする有意水準$n_1 n_2$の値をU表から求めて比較し、その臨界値の小さい方よりもU_0の方が小さくなるときには、帰無仮説を棄却して有意差ありとする。

$n > 20$の時にはU検定は使えない。
　※$n_1 n_2$の増大につれ正規分布に近付くので、正規分布を使用し、Zによって検定する。

$$Z = \frac{|U - \overline{U}|}{SD_U}$$

$$\overline{U} = \frac{n_1 n_2}{2}$$

$$SD_u = \sqrt{\frac{n_1 n_2 (n_1 + n_2 + 1)}{12}}$$ 　　$\overline{U}$＝標本分布の平均　　SD_u＝標準偏差

U検定を行う手順
　①帰無仮説を設定する。
　②2標本について、数値を順に並べ替える。
　③②の順序でデータを整理。
　④2つの標本群の順位の和を求める。
　⑤公式に代入し、U_1、U_2を求める。

　U検定は、マン・ホイットニー検定とも呼ばれ、2つの順序尺度データの関係について、中央値に差があるかどうか、言い換えれば2つの母集団の分布位置にずれがあるかどうかを判断するものです。
　U検定を行うには、標本の大きさすなわち標本数それぞれが、20以下なのか20より大きいのかによって求め方が2つあります。というのも、標本数それぞれが20より大きくなると正規分布に近くなるためです。
　標本数（n）がそれぞれ20より小さい場合には、$U_1 = n_1 n_2 + \frac{n_1(n_1+1)}{2} - S_1$ の式に代入して計算した値と、他方の $U_2 = n_1 n_2 + \frac{n_2(n_2+1)}{2} - S_2$ の式に入れて計算した値を比較して、小さい方の値をU_0とし、U_0の臨界値（U表でn_1とn_2の交差したところ）を読み取ります。この場合、求めた統計量が、2つの臨界値の小さい方の値より小さければ帰無仮説を棄却し、それより大きければ帰無仮説を採用します。U検定を行う場合には前もって、検定しようとするデータ2標本を一緒にして、小さい順に1から順番をつけ、同じ数がある時にはその数を順番に並べて平均をとります。例えば、3、6、8、8、8、11なら、8は3番から5番まで3つあるので、（3＋4＋5）÷3で4、4、4と考え、1、2、4、4、4、6と変換されます。その上で2つの標本に分け、それぞ

れの和を $S_1 S_2$ とします。

なお、標本数それぞれが20より大きくなる時は、正規分布に近付くため U 表を使用できません。その場合、Z を用いて検討していきます。

身近なことから考えてみると…

例えば、年齢が注意力にいかに影響を及ぼすかを調べるために、U 検定は用いられます。その場合、60代の男性ドライバー6人と、70代の男性ドライバー5人に自動車教習所のコースを使って走ってもらい、ミスの回数を調べます。そのデータを用いて、年齢が高いほどミスが多いといえるか否かを検定する、といった方法をとります。

問題

社会人大学院生と非社会人大学院生では、社会人大学院生のほうが積極的に研究発表会に参加しているという仮説を検証するために、社会人大学院生5名と、非社会人大学院生6名に参加してもらい、研究発表会における質問の回数を数えたところ以下のデータを得た。このデータから、社会人大学院生の方が非社会人大学院生より質問回数が多いといえるか。

　　社会人大学院生　　　8、11、10、5、9
　　非社会人大学院生　　5、4、3、2、6、7

解答

帰無仮説「研究発表会において社会人大学院生と非社会人大学院生の質問回数の間に差は無い」
少ない方の標本の大きさを n_1 とし大きい方の標本の大きさを n_2 とする。
作成した2つのカテゴリーを一緒に考えて、観察度数の少ない方から順位をつける。ただし、同数あるときは、平均順位法に従って、それらの数の順位の平均値を書き入れる。

　　社会人大学院生　　8、11、10、5、9（$n_1 = 5$）
　　非社会人大学院生　5、4、3、2、6、7（$n_2 = 6$）

上記の2カテゴリーを1つにしてデータを整理すると、
　　データ　　　2、3、4、5、　5、6、7、8、9、10、11

| 順位 | 1、2、3、4 、 4 、6、7、8、9、10、11 |
| 平均順位法 | 1、2、3、4.5、 4.5、6、7、8、9、10、11 |

上記の順位でデータを整理すると

社会人大学院生　　8 、11、10、4.5、9

非社会人大学院生　4.5、3、2、1 、6、7

各カテゴリーの和を求める。社会人大学院生の和を S_1 とすると、

$S_1 = 8 + 11 + 10 + 4.5 + 9 = 42.5$ （$n = 5$）

$S_2 = 4.5 + 3 + 2 + 1 + 6 + 7 = 23.5$ （$n = 6$）

検定統計量の計算

$U_1 = n_1 n_2 + \dfrac{n_1(n_1+1)}{2} - S_1 = 5 \times 6 + \dfrac{5 \times 6}{2} - 42.5 = 2.5$

$U_2 = n_1 n_2 + \dfrac{n_2(n_2+1)}{2} - S_2 = 5 \times 6 + \dfrac{6 \times 7}{2} - 23.5 = 27.5$

U 表を見ると、$n_1 = 5$、$n_2 = 6$ で有意水準10％のときの臨界値は5と25である。U_0 は2つの小さい方の値であるから、$U_0 = 2.5$ は有意となって帰無仮説は棄却される。この結果、社会人大学院生と非社会人大学院生の間の質問回数には差があることになり、社会人大学院生の方が、非社会人大学院生よりも積極的に研究発表会に参加していると判断される。また、これは社会人大学院生の方が質問回数が多いということを検証しているため、片側検定となり、5％の有意水準とみなせる。

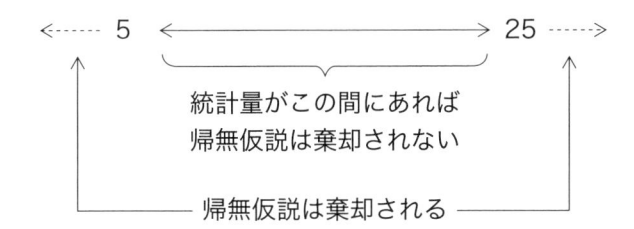

```
<------ 5 <----------------> 25 ------>
         統計量がこの間にあれば
         帰無仮説は棄却されない

         ── 帰無仮説は棄却される ──
```

─ 心理統計ではこう使う ─

　20歳の男女を対象に、親への意識的同一と親に対する充実感との関連を検討する場合などに用いられます。その場合、親に対して意識的同一視をしている者とそうでない者の2つの標本に分け、親に対する充実尺度を用いて充実度得点を検定します。

Q10　分散分析って何？

> 分散分析とは
> ・間隔尺度・比率尺度間の関係を調べるための検定。
> ・母集団の平均値の差に違いがあるかどうかを調べる時に用いる。
> ・t検定では測定できない3つ以上の標本について検定するもの。
>
> 分散分析の前提条件
> 観測値が母集団の正規分布にしたがっていること。
>
> 検定の対象
> 間隔尺度、比率尺度、間隔尺度間・比率尺度間の連関
>
> 分散分析を行う理由
> 心理学実験において観測される多数のばらつきについて、その要因を考慮しなければならないため。

　心理学実験では、データに多数のばらつきが観測されます。そのばらつきの要因を考慮しながら、それが測定値全体にどのような影響を与えているかを検討するときに、分散分析は使われます。

　分散分析の検定の前提としては、観測値が母集団の正規分布に従っていることがあげられます。またt検定と比較すると、t検定は2つの標本間の差を調べたのに対して、分散分析では3つ以上の標本を検定する際に用いられます。

　ではなぜ3つ以上の標本を検定する場合には、t検定が使えないのでしょうか。それは、t検定を3つ以上の標本に行うと、精度が下がるため、検定の結果が正しく出ないからです。

　例えば単純化した例では、ここにABCの3つのデータがあるとします。誤差を1％と仮定します。ABの2つのデータでは、0.01で差が出る確率を出すことができます。しかしデータが3つになると変わってきます。いま、ABCの3つのデータで、少なくとも1つの組み合わせに差が出る確率を考える

と、AとBで差の出ない確率とBとCで差の出ない確率とCとAで差の出ない確率を掛けたものを全体から引けば出ますね。具体的に計算すると

$$1-(1-0.01)(1-0.01)(1-0.01)$$
$$=1-(0.99\times0.99\times0.99)=1-0.970=0.03$$

このように、少なくとも1つの組み合わせに誤差は0.03となって、1回だけ行ったときの確率0.01と比較して、この場合では3回行うと差の出る確率がほぼ3倍高くなります。

このように、3つ以上の標本に対してt検定を行うと、比較データの検定個数が増えるにつれ、実際に生じる確率よりも高くなるのです。その結果、差がない場合でも差があると判断する確率が多くなるので、t検定は3つ以上の標本間の検定には使われません。

身近なことから考えてみると…

分散分析は、3種以上の水準について検定するもので、1要因と2要因の2種類がありますが、この項では要因が1つである1要因の分散分析について取り上げています。1要因の分散分析では、例えばA洋菓子店、B洋菓子店、C洋菓子店があったとして、どの洋菓子店のショートケーキが1番売れているのかを考えるときなどに使うことができます。この場合、水準はA洋菓子店、B洋菓子店、C洋菓子店の3水準、要因はショートケーキで1つとなります。

問題

1. 分散分析を行わなければいけないのはどのような場合か。
2. 3つ以上のデータの検討の場合に、なぜt検定を用いることができないのか。具体的な例をあげながら説明しなさい。

解答

1. 検討データが3つ以上ある場合で、データに多数のバラツキ、つまり標本内（群内）の変動と標本間（群間）の変動が観測され、それが測定値全体にどのような影響を与えているかを検討

する場合。

2. ABCのデータがあった場合、誤差が1％だとすると、AB・BC・CAの2つずつのデータでは、それぞれ1％で差が出る。しかしその手順を3回行うと、差の出る確率がほぼ3倍になる。このようにt検定を繰り返すと、実際の検定の結果との間に大きな誤差が生じるため、t検定を用いることができない。

― 心理統計ではこう使う ―

　分散分析は、1つの要因に対して、これを3水準以上に分けてデータをとる場合に用います。例えば、心理不安と作業効率の関係を見る場合などです。この場合、心理不安が要因になり、心理不安の程度である低・中・高の段階が水準になります。

Q11 分散分析のためのデータ処理方法

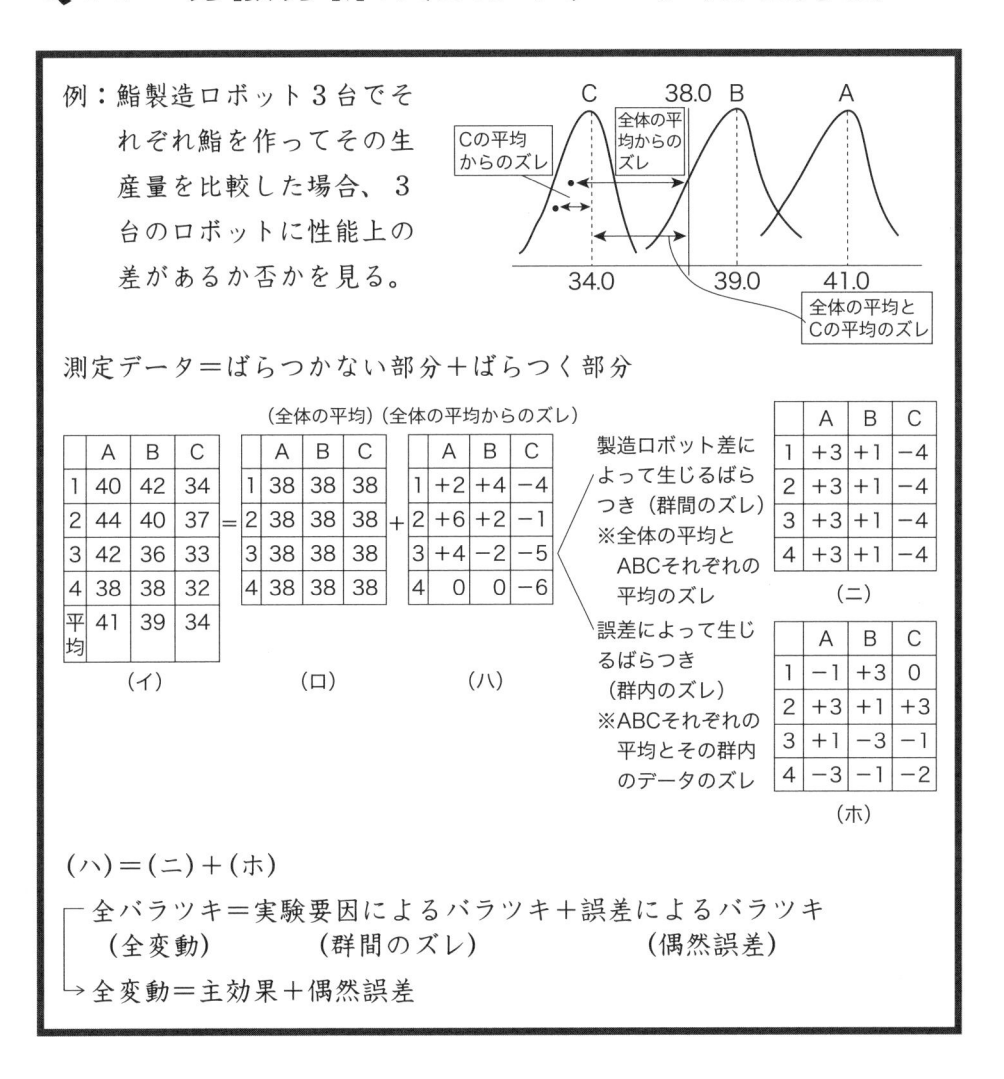

例：鮨製造ロボット3台でそれぞれ鮨を作ってその生産量を比較した場合、3台のロボットに性能上の差があるか否かを見る。

測定データ＝ばらつかない部分＋ばらつく部分

	A	B	C
1	40	42	34
2	44	40	37
3	42	36	33
4	38	38	32
平均	41	39	34

(イ)

（全体の平均）

	A	B	C
1	38	38	38
2	38	38	38
3	38	38	38
4	38	38	38

(ロ)

（全体の平均からのズレ）

	A	B	C
1	+2	+4	−4
2	+6	+2	−1
3	+4	−2	−5
4	0	0	−6

(ハ)

(イ) ＝ (ロ) ＋ (ハ)

製造ロボット差によって生じるばらつき（群間のズレ）
※全体の平均とABCそれぞれの平均のズレ

	A	B	C
1	+3	+1	−4
2	+3	+1	−4
3	+3	+1	−4
4	+3	+1	−4

(ニ)

誤差によって生じるばらつき（群内のズレ）
※ABCそれぞれの平均とその群内のデータのズレ

	A	B	C
1	−1	+3	0
2	+3	+1	+3
3	+1	−3	−1
4	−3	−1	−2

(ホ)

(ハ) ＝ (ニ) ＋ (ホ)

┌ 全バラツキ＝実験要因によるバラツキ＋誤差によるバラツキ
│　（全変動）　　　　（群間のズレ）　　　　　（偶然誤差）
└→ 全変動＝主効果＋偶然誤差

　3つ以上の標本の処理には、分散分析を用いないと処理できないと前の項でお話ししましたが、分散分析とは、具体的にはどのような処理をしていくのでしょうか。
　ここで鮨を作る3つのロボットABCを例としてそれぞれの生産量を比較し

て、その性能上の差があるかどうかを見てみましょう。

　（イ）に示す測定データは、ばらつかない部分である全体の平均と、ばらつく部分である全体の平均からのズレとに分けることができます。全体の平均は、データの総和を全体の個数で割ったもので、この場合38です。そしてばらつく部分は、それぞれのデータ値から全体の平均を引いたものです。さらにこのばらつく部分は、群間のズレである製造ロボット差によるばらつきと、誤差によるズレ（群内のズレ）である群内のばらつきに分けることができます。ここでは、グラフに示したように、群間のズレはAの平均である41、Bの平均である39、Cの平均である34と全体の平均である38との差を表します。また群内のばらつきは、それぞれの標本の平均と個々のデータの値の差になります。

　以上のことから全ばらつき（全変動）＝実験要因によるばらつき（群間のずれ）＋誤差によるばらつき（群内のずれ）、言い換えるならば全変動＝主効果＋偶然誤差と表記することができます。群間のずれは、標本集団の違いを表しズレが大きいほどそれぞれの群の平均の相違が大きいことになります。また、群内のずれは、同じ集団内でのばらつきを示します。従って群間のズレが群内のズレより大きいときには、標本集団間の相違が大きく母集団の相違に差がないという帰無仮説は棄却されることになります。一方群間のズレが群内のずれより小さいときには、標本集団間の相違が大きくなく母集団の平均に差がないという帰無仮説は棄却されません。

身近なことから考えてみると…

　ここでは枠内の【測定データ＝ばらつかない部分＋ばらつく部分】【ばらつく部分＝群間のズレ＋群内のズレ】について説明してみましょう。例えば、（イ）の1とAがぶつかる左上部分の「40」は、最初の1分にAの機械で40個の鮨を握れたことを示します。（ロ）の左上の「38」は、ABCそれぞれの機械で最初の1分、次の1分、その次の1分、さらに次の1分、調査したすべての機械と時間における、1分間に作られる平均的な鮨の数を意味します。（ハ）の左上の＋2というのは、Aの機械で最初の1分に作った鮨は40個だから、平均的な38個より2個多いということを示します。

群間のズレというのは、全体の平均からそれぞれのカテゴリーの平均がどれだけずれているかをいいます。一方、郡内のズレというのは、それぞれのカテゴリーの平均から、そのカテゴリー内のデータがどれくらいずれているかをいいます。

問題

1. ある作業所で心理不安が作業能率に与える効果を調べる実験を行った。作業所チームの18人を3グループに分け、このチーム員とは別の作業チーム長が、サクラとして各グループに心理不安を生じる伝達を行い、その後それぞれのグループに一定の時間作業を行ってもらい、完成した製品の個数を調べた。その結果、右のようなデータを得た。この結果から心理不安と作業能率には関係があると言えるか。

心理不安度	低	中	高
1	9	5	5
2	8	7	3
3	7	6	4
4	8	7	3
5	9	5	5
6	7	6	4
合 計	48	36	24

2. ある講演会で、講義の分かりやすさの程度に差をつけて、15人を3グループに分け、あるテーマで講義を行い、その直後、効果測定を行った結果、次のような測定値を得た。この結果から講義のやり方と効果測定結果には関係があるといえるか。

講義内容	低	普通	高
1	9	5	4
2	6	7	2
3	9	6	5
4	8	7	3
5	8	5	6
合 計	40	30	20

解答

1.

心理 不安度	低	中	高
1	9	5	5
2	8	7	3
3	7	6	4
4	8	7	3
5	9	5	5
6	7	6	4
合計	48	36	24
平均	8	6	4

=

心理 不安度	低	中	高
1	6	6	6
2	6	6	6
3	6	6	6
4	6	6	6
5	6	6	6
6	6	6	6

+

心理 不安度	低	中	高
1	+3	−1	−1
2	+2	+1	−3
3	+1	0	−2
4	+2	+1	−3
5	+3	−1	−1
6	+1	0	−2

心理不安度差によって生じるバラツキ（群間のズレ）

心理 不安度	低	中	高
1	+2	0	−2
2	+2	0	−2
3	+2	0	−2
4	+2	0	−2
5	+2	0	−2
6	+2	0	−2

誤差によって生じるバラツキ（群内のズレ）

心理 不安度	低	中	高
1	+1	−1	+1
2	0	+1	−1
3	−1	0	0
4	0	+1	−1
5	+1	−1	+1
6	−1	0	0

全変動　　　　　　　　　全体の平均　　　　　全体の平均
測定データ　　＝　　　　　　　　　　　　＋　　からのズレ

分散分析表を作成

要因	平方和	自由度	不偏分散	分散比
心理不安差	48	2	24.0	30.0
誤差	12	15	0.8	
和	60	17		

帰無仮説「母集団の3つの平均値間に差はない」

心理不安の自由度＝（心理不安の程度数）−1＝3−1＝2

誤差の自由度＝（データ総数）−（心理不安の程度数）＝6×3−3＝15

心理不安の平方和＝$2^2 \times 6 + 0^2 \times 6 + (-2)^2 \times 6 = 24 + 0 + 24 = 48$

誤差の平方和＝$(+1)^2 + (-1)^2 + (+1)^2 + (-1)^2 + (-1)^2 + (+1)^2 + (+1)^2 + (-1)^2 + (+1)^2$
$\quad + (-1)^2 + (-1)^2 + (+1)^2 = 12$

心理不安の不偏分散：$\dfrac{\text{心理不安の平方和}}{\text{心理不安の自由度}} = \dfrac{48}{2} = 24.0$

心理不安の誤差：$\dfrac{\text{心理不安の誤差の平方和}}{\text{誤差の自由度}} = \dfrac{12}{15} = 0.8$

分散比：$\dfrac{24}{0.8} = 30$

F分布表より、5％水準で分子の自由度2、分母の自由度15に対応するFの値は3.68。また

1％水準でも、Fの値は6.36なので、30.0＞3.68　30.0＞6.36。よって「母集団の3つ以上の平均値間に差はない」という帰無仮説は棄却され、差があると判断できる。

　　答え　心理不安と作業能率には差がある。心理不安の少ない方が作業能率は上がる。

2.

講義内容	易	普通	難
1	9	5	4
2	6	7	2
3	9	6	5
4	8	7	3
5	8	5	6
合計	40	30	20
平均	8	6	4

$=$

講義内容	易	普通	難
1	6	6	6
2	6	6	6
3	6	6	6
4	6	6	6
5	6	6	6

$+$

講義内容	易	普通	難
1	+3	−1	−2
2	0	+1	−4
3	+3	0	−1
4	+2	+1	−3
5	+2	−1	0

講義内容のレベルによって生じる点数のバラツキ（群間のズレ）

講義内容	易	普通	難
1	+2	0	−2
2	+2	0	−2
3	+2	0	−2
4	+2	0	−2
5	+2	0	−2

誤差によって生じるバラツキ（群内のズレ）

講義内容	易	普通	難
1	+1	−1	0
2	−2	+1	−2
3	+1	0	+1
4	0	+1	−1
5	0	−1	+2

測定データ　＝　全体の平均　＋　全体の平均からのズレ

分散分析表を作成

要因	平方和	自由度	不偏分散	分散比
講義内容差	40	2	20.0	11.8
誤差	20	12	1.7	
和	60	14		

帰無仮説「母集団の3つの平均値間に差はない」

講義内容の差の自由度＝3−1＝2

誤差の自由度＝5×3−3＝12

講義内容差の平方和＝$2^2 \times 5 + (-2)^2 \times 5 = 40$

誤差の平方和＝$(+1)^2 + (-2)^2 + (+1)^2 + (-1)^2 + (+1)^2 + (+1)^2 + (-1)^2 + (-2)^2 + (+1)^2$
　　　　　　$+ (-1)^2 + (+2)^2 = 20$

講義内容差の不偏分散：$\dfrac{\text{講義内容差の平方和}}{\text{講義内容の自由度}} = \dfrac{40}{2} = 20.0$

誤差：$\dfrac{\text{誤差の平方和}}{\text{誤差の自由度}} = \dfrac{20}{12} = 1.67 ≒ 1.7$

分散比：$\dfrac{\text{講義内容差の不偏分散}}{\text{誤差の不偏分散}} = \dfrac{20}{1.7} = 11.76 ≒ 11.8$

F分布表より、5％水準で分子の自由度2、分母の自由度12に対応するFの値は、3.89。また1％水準でもFの値は6.93より11.8＞6.93となる。従って、帰無仮説は棄却されて「母集団の3つの平均値間には差はある」となる。

　　答え　講義のやり方と効果測定には関係がある。分かりやすい内容指導が効果的である。

― 心理統計ではこう使う ―

　心理不安と作業効率の関係や、人間関係のうまくいっているクラスでの作業効率と、うまくいっていないクラスや普通のクラスでの作業効率の関係をみるときに用います。産業心理学では、エルトン・メイヨーらの行ったホーソン実験が有名です。この実験結果によれば、生産内部における生産能率の決定には、温湿度・照明度・疲労度等の作業場における物理的環境諸条件よりも、感情・気分・態度等の人間的感情要因が大きく影響を及ぼすという結果が出ています。

Q12　分散分析を行う手順

分散分析を行う手順
　①帰無仮説の設定…母集団の3つ以上の平均値間に差はない
　②有意水準であるαの設定…5％ or 1％
　③分散分析表の作成
　④F分布表を用いて、分子の自由度、分母の自由度からF（分散比）の値を求める。
　　（前項の例では、分子はロボット差、分母は誤差である）
　⑤求めたF（分散比）と分散表を比較して判断する
群間のズレと群内のズレについて
　群間のズレ（＝標本集団間の違い）
　　→大きい場合は、それぞれの群の平均の相違が大きい
　群内のズレ（同じ標本集団内でのばらつき）
　　→誤差
群間のズレと群内のズレとの比較
　群間のズレ＞群内のズレ…標本集団間の相違が大きい
　　　　　→帰無仮説「母集団の平均に差がない」を棄却
　群間のズレ＜群内のズレ…標本集団間の相違が大きくない
　　　　　→帰無仮説「母集団の平均に差がない」を棄却しない

　ここまでのところで分散分析の考え方を説明してきましたが、実際に前項でとりあげた鮨を作るロボットを例にその手順についてご説明しましょう。
　分散分析を行うためには、まず分散分析表を作成します。まず、ロボットの差（ABCのロボットを較べたときの違い）と誤差（個々のロボットで起こる違い）の平方和・自由度を求めて、不偏分散・分散比を計算し、F分布表を用いて棄却するか否かの判断を下します。では、その手順を詳しく見ていきましょう。

ロボット差と誤差の平方和、つまりばらつく部分の偏差の平方は、ばらつく部分の数値を2乗してすべて加えていけば出ます。また、ロボット差と誤差に関しても、同様にして求めることができます。

　次にそれぞれの自由度を出します。ばらつく部分全体の自由度は（データ数－1）で、ロボット差の自由度は（ロボット数－1）で、誤差の自由度は（データ数の合計－ロボット数）で求められます。

　最後に、不偏分散と分散比（F）を求めます。不偏分散は、（偏差平方の総和÷自由度）で求められるので、ロボット差の不偏分散と誤差の不偏分散をそれぞれ求めます。分散比は、ロボット差の不偏分散と誤差の不偏分散との比なので、（ロボット差の不偏分散÷誤差の不偏分散）で算出されます。

　ここまでで分散分析表を作成できました。次にF分布表を見ていきます。前項の例では、分子の自由度は2、分母の自由度は9になります。帰無仮説「母集団の3つのロボットの生産する量における平均値に差はない」として有意水準を5％に設定すれば、F分布表0.05を用いて、分子の自由度2、分母の自由度9のところを見ればFの値が分かり、Fは4.3であると求められます。

　ここまできてやっと、Fと分散表を比較して、帰無仮説を棄却するかどうかを判断することができます。Fの値は4.3でした。一方、算出した分散比は8.6であることが求められました。この場合、分散比＞4.3となるので、帰無仮説は棄却されます。したがって、「母集団の3つのロボットの生産する量における平均値には差がある」と判断することになります。

身近なことから考えてみると…

　この項で扱っている1要因の分散分析は、例えば、ショートケーキの上にのせるものとして、甘いみかん、甘酸っぱいみかん、酸っぱいみかんのどれが合うかを考えるときなどに使います。また、この調査を、15個のケーキを用意して、5人ずつ3組の人（計15名）で味や満足度を調べた場合には、対応のない1要因分析、5人の人に3水準をそれぞれ試してもらった場合は対応のある1要因分析となります。

問題

1. 以下の表を見て、分散分析表を作成して下さい。

製造ロボット差により生じる
バラツキ（群間のズレ）

	A	B	C
1	+3	+1	−4
2	+3	+1	−4
3	+3	+1	−4
4	+3	+1	−4

誤差によって生じる
バラツキ（群内のズレ）

	A	B	C
1	−1	+3	0
2	+3	+1	+3
3	+1	−3	−1
4	−3	−1	−2

2. 上記の3つの鮨ロボットについて、生産量に差はあるか。

解答

1. 要因はロボットの差と誤差

ばらつく部分の偏差の平方和＝ロボット差の偏差平方和＋誤差の偏差平方和

a ばらつく部分の偏差平方和 $= (+2)^2 + (+6)^2 + (+4)^2 + 0^2 + (+4)^2 + (+2)^2$
$+ (-2)^2 + 0^2 + (-4)^2 + (-1)^2 + (-5)^2 + (-6)^2$
$= 158$

b ロボット差の偏差平方和 $= (+3)^2 + (+3)^2 + (+3)^2 + (+3)^2 + (+1)^2 + (+1)^2$
$+ (+1)^2 + (+1)^2 + (-4)^2 + (-4)^2 + (-4)^2 + (-4)^2$
$= 104$

c 誤差の偏差平方和 $= (-1)^2 + (+3)^2 + (+1)^2 + (-3)^2 + (+3)^2 + (+1)^2 + (-3)^2$
$+ (-1)^2 + 0 + (+3)^2 + (-1)^2 + (-2)^2$
$= 54$

自由度 df

a ばらつく部分全体の自由度＝（データ数の合計）−1＝(4×3)−1＝11

b ロボット差の自由度＝（ロボットの数）−1＝3−1＝2

c 誤差の自由度＝（データ数の合計）−（ロボットの数）＝(4×3)−3＝9

$$不偏分散 = \frac{偏差平方和の総和}{自由度}$$

ロボット差の不偏分散 $= \dfrac{104}{2} = 52$

誤差の不偏分散 $= \dfrac{54}{9} = 6$

分散比→ロボット差と誤差の不偏分散の比

$52 \div 6 = 8.66$

要因	平方和 SS	自由度 df	不偏分散	分散比
ロボットの差	104	2	52	8.7
誤差	54	9	6	
和	158	11		

2．①帰無仮説「母集団の3つのロボットの生産する量における平均値に差はない」

②有意水準を5％に設定

③④分子の自由度2、分母の自由度9よりF分布表0.05を使って下の値を求める

　　$F = 4.26$

　　分散比 $= 8.7$ より

　　分散比 > 4.26

⑤帰無仮説は棄却される。母集団の3つのロボットの生産する量における平均値には差がある。

―― **心理統計ではこう使う** ――

　前項でも示した心理不安と作業能率の関係を3水準以上で検討したり、作業場での人間関係の3水準以上の良好度を設定して作業効率がどうであるかをデータから判断する場合に、分数分析は用いられます。

Q13　1要因分散分析と2要因分散分析の違い

要因
　結果に影響を与える可能性のある主な原因。
因子
　要因を具体的に取り出したもの。
水準
　因子を分けて割り振ったもの。
1要因分散分析
　問題として取り上げる因子が1つの場合。
　　例：ショートケーキには甘いみかん、甘酸っぱいみかん、酸っぱいみかんのどれが合うかを考える場合など
　これをいくつかの水準に分割して「水準間に差がない」かを判断する。
2要因分散分析
　2つの影響要因に対して2つの水準を設けた場合。
　　例：ショートケーキとチョコレートケーキそれぞれに、甘いみかん、甘酸っぱいみかん、酸っぱいみかんのどれが合うかを考える場合など

$$\begin{matrix}全\ \ 変\ \ 動\\(全バラツキ)\end{matrix} = \begin{matrix}各要因の\\バラツキ\end{matrix} + \begin{matrix}実験要因の組み合\\せによるバラツキ\end{matrix} + \begin{matrix}誤差による\\バラツキ\end{matrix}$$

　　全変動＝要因Aの水準間変動＋要因Bの水準間変動＋交互作用効果＋偶然誤差
　　　　　　　　　　　　　　主効果

2要因分散分析を行った結果
　①2つの要因による主効果に有意差がない場合は、その要因だけの効果がないといえる
　②交互作用に有意差がある場合は、それぞれの要因を組み合わせることで効果が上がるといえる

交互作用のグラフ上での特徴
　縦軸→点数、横軸→要因 X、グラフ上の Y →要因 Y、●■→平均点
　①交互作用がある場合→2つの線が平行にならない

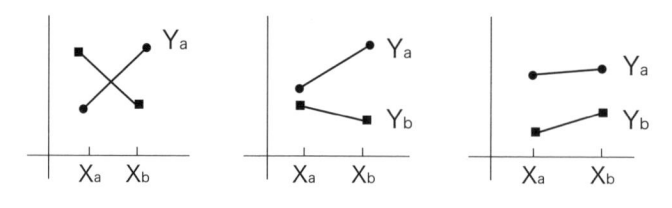

②交互作用がない場合→2つの線が平行になる

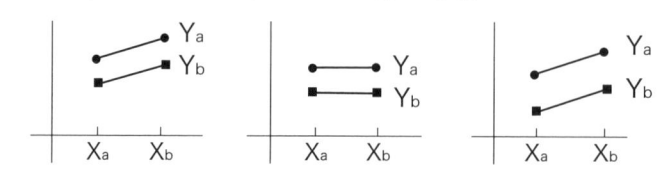

　分散分析の考え方と計算方法は前項で説明しました。この項では、その種類についてお話ししましょう。
　分散分析には、1要因分散分析と2要因分散分析とがあります。ここでいう要因というのは、結果に影響を与える可能性のある主な原因のことをいいます。そして、これを具体的に取り出したものを因子といい、さらに分けて割り振ったものを水準といいます。1要因分散分析というのは、問題としてとりあげる因子が1つで、これを3つ以上の水準に分割して、「水準間に差がない」かを判断するものです。たとえばショートケーキにのせるものとして、甘いみかん、甘酸っぱいみかん、酸っぱいみかん、どれが一番おいしいかなどを考える場合がこれにあたります。この場合、みかんが因子でそのすっぱさの程度が水準になります。
　次に2要因分散分析というのは、2つの影響要因に対して2つの水準を設けたものをいいます。モデルで示せば、全変動つまり全バラツキは、各要因のバラツキに、実験要因の組み合わせによるバラツキと、誤差によるバラツキとを加えたものです。言い換えれば、主効果に交互作用効果と偶然誤差と

を加えたものになります。

　分散分析を行った場合、2つの要因による主効果に有意差がなければ、その要因だけでは効果がないということになります。また、交互作用に有意差があれば、それぞれの要因を組み合わせることで効果があるということになります。

　呈示したグラフで2つの線が平行であるときは交互作用がありません。その反対に2つの線が平行にならないときには交互作用があります。

身近なことから考えてみると…

　前項のように、ケーキで考えてみましょう。ショートケーキとチョコレートケーキがあるとして、それぞれに甘いみかん、甘酸っぱいみかん、酸っぱいみかんを組み合わせたとき、どの組み合わせが一番美味しいかなどを考える場合が、2要因の分散分析です。前項では、ショートケーキだけで1要因でしたが、ここではチョコレートケーキもあるため2要因になったのです。

問題

1. お酒にワインとビール、おつまみにチーズと枝豆とハムを用意し、各条件5人の合計30人そのおいしさを評価してもらいました。それぞれ1番美味しければ9点、逆であれば1点という9点評価で行いました。以下の表をもとにして分散分析を行いなさい。

ワイン・ビールに合うおつまみ

ビール			ワイン		
チーズ	ハム	枝豆	チーズ	ハム	枝豆
3	5	6	6	8	6
7	7	9	7	7	8
2	7	9	5	9	6
2	5	9	7	8	7

		6	6	7	5	8	7		
合計		20	30	40	30	40	34		
二乗和		102	184	328	184	322	234	合計1354	㋑

2．テストをして不安症の人から高・低2つの群の人を選び、それらの被験者をまわりの環境が（静か、ざわざわしている、かなりうるさい）といった3つの条件に別けて体験してもらい、不安度をテストした。3つのタイプに不安症高・低の人をそれぞれ同数振り分けた。不安度テストの結果に関して、不安症気質要因と環境要因とを2要因とする、2要因分散分析を行った。表は分散分析の結果である。次の問いに答えなさい。
①Ⓐ～①に入る数値を入れて表を完成しなさい。

変動因	SS	df	MS	F
要因A	16	Ⓒ	Ⓖ	3.2
要因B	Ⓐ	2	20	Ⓘ
交互作用	Ⓑ	Ⓓ	21	4.2
誤差	210	Ⓔ	Ⓗ	
全体	308	Ⓕ		

②各群に割りあてられた人数は何人ですか？
③表の要因Bは何か。
④主効果が見られたのはどの要因か。
⑤交互作用は有意といえるか。

解答

帰無仮説をたてる。

H_{01}：お酒の種類に関して各水準から得られた実験値は、それぞれの同一母集団から無作為に抽出したものである。お酒の種類の条件間に差はない。

H_{02}：おつまみの種類に関して各水準から得られた実験値は、それぞれの同一母集団から無作為に

抽出したものである。おつまみの種類の条件間に差はない。

H_{03}：お酒の種類とおつまみの種類の組み合わせに対して、各組み合わせの条件下で得られた測定値は、組み合わせ条件に差はない。

1. 分子 ｛ 自由度（df）
   要因A（お酒の種類）の主効果（df_A）= 2 − 1 = 1
   要因B（おつまみの種類）の主効果（df_B）= 3 − 1 = 2

   AとBの交互作用（$df_{A×B}$）=（2 − 1）(3 − 1) = 2

   分母　$d = 2 × 3 × (5 − 1) = 6 × 4 = 24$

① （表のデータを次のように整理する）

	チーズ	ハム	枝豆	$\Sigma\alpha i$
ビール	20	30	40	90
ワイン	30	40	34	104
$\Sigma\beta j$	50	70	74	194

② （自由度を書き入れて分散分析表を作成）

	SS	df	MS	F
お酒の種類（A）	Ⓓ	1	Ⓗ	Ⓛ
おつまみの種類（B）	Ⓔ	2	Ⓘ	Ⓜ
交互作用	Ⓕ	2	Ⓙ	Ⓝ
誤差	Ⓖ	24	Ⓚ	

③ （周辺の数を整理）

$\sum_{i=1}^{k} \alpha i^2 = 90^2 + 104^2 = 8100 + 10816 = 18916$　—Ⓐ

$\sum_{j=1}^{k} \beta j j^2 = 50^2 + 70^2 + 74^2 = 2500 + 4900 + 5476 = 12876$　—Ⓑ

$\sum_{i=1}^{k}\sum_{j=1}^{k} \alpha\beta ij^2 = 20^2 + 30^2 + 40^2 + 30^2 + 40^2 + 34^2$
　　　　　　　$= 400 + 900 + 1600 + 900 + 1600 + 1156 = 6556$　—Ⓒ

④ （SSの計算）

$SS(A) = \dfrac{18.916}{3 × 5} - \dfrac{194^2}{2 × 3 × 5} = \dfrac{18916 × 2 - 194^2}{2 × 3 × 5} = \dfrac{37832 - 37636}{30} = 6.53$　—Ⓓ

$$SS(B) = \frac{12876}{2\times 5} - \frac{194^2}{2\times 3\times 5} = \frac{12876\times 3 - 194^2}{2\times 3\times 5} = \frac{37628 - 37636}{30} = 33.07 \quad \text{—ⓔ}$$

$$SS(AB) = \frac{6556}{5} - \frac{18916}{3\times 5} - \frac{12876}{2\times 5} + \frac{194^2}{2\times 3\times 5}$$

$$= \frac{6\times 6556 - 2\times 18916 - 3\times 12876 + 37636}{30}$$

$$= \frac{39336 - 37832 - 38628 + 37636}{30} = \frac{512}{30} = 17.07 \quad \text{—ⓕ}$$

$$SS(誤差) = 二乗和 - \frac{6556}{5} = 1354 - \frac{6556}{5} = \frac{6770 - 6556}{5} = \frac{214}{5} = 42.8 \quad \text{—ⓖ}$$

⑤（MSである平均平方を計算）

$$MS(A) = \frac{SS(お酒の種類)}{df(お酒の種類)} = \frac{6.53}{2-1} = 6.53 \quad \text{—ⓗ}$$

$$MS(B) = \frac{SS(つまみの種類)}{df(つまみの種類)} = \frac{33.07}{3-1} = 16.54 \quad \text{—ⓘ}$$

$$MS(AB) = \frac{SS(交互作用)}{(2-1)\times(3-1)} = \frac{17.07}{2} = 8.56 \quad \text{—ⓙ}$$

$$MS(誤差) = \frac{SS(誤差)}{2\times 3\times(5-1)} = \frac{42.8}{24} = 1.78 \quad \text{—ⓚ}$$

⑥（Fの計算）

$$F(A) = \frac{6.53}{1.78} = 3.67 \quad \text{—ⓛ}（分子の $df=1$、分母の $df=24$）$$

$$F(B) = \frac{16.54}{1.78} = 9.29 \quad \text{—ⓜ}（分子の $df=2$、分母の $df=24$）$$

$$F(AB) = \frac{8.56}{1.78} = 4.81 \quad \text{—ⓝ}（分子の $df=2$、分母の $df=24$）$$

⑦（以上の数値を入れて分散分析表を完成する）

	SS	df	MS	F
お酒の種類（A）	6.53	1	6.53	3.67
おつまみの種類（B）	33.07	2	16.54	9.29
交互作用	17.07	2	8.56	4.81
誤差	42.8	24	1.78	

⑧（以上のことから判断）

5%の有意水準と考えると、

分子の $df=1$、分母の $df=24$ の時の F の臨界値→4.26

分子の $df=2$、分母の $df=24$ の時の F の臨界値→3.40

より、帰無仮説 H_{02} と H_{03} が棄却される。よっておつまみの種類の主効果と、お酒の種類×おつまみの種類の交互作用効果が有意である。

  答え お酒の種類×おつまみの種類の2要因の分散分析の結果、有意水準5％で、おつまみの種類の主効果と両要因の交互作用が有意であるといえる。

※なお、④以後の手順を、(全体平方和) = (要因Aの主効果の平方和) + (要因Bの主効果の平方和) + (交互作用の平方和) + (誤差の平方和) を利用して解くこともできる。

(別解)

④ (SS の計算)

全体平方和 = Σ(個々の度数 − 全平均)^2 = $(3-6.5)^2 + (7-6.5)^2 + (2-6.5)^2 + (2-6.5)^2$
        + $(6-6.5)^2 + (5-6.5)^2 + (7-6.5)^2 + (7-6.5)^2 + (5-6.5)^2 + (6-6.5)^2$
        + $(6-6.5)^2 + (9-6.5)^2 + (9-6.5)^2 + (9-6.5)^2 + (7-6.5)^2 + (6-6.5)^2$
        + $(7-6.5)^2 + (5-6.5)^2 + (7-6.5)^2 + (5-6.5)^2 + (8-6.5)^2 + (7-6.5)^2$
        + $(9-6.5)^2 + (8-6.5)^2 + (8-6.5)^2 + (6-6.5)^2 + (8-6.5)^2 + (6-6.5)^2$
        + $(7-6.5)^2 + (7-6.5)^2 = 53.25 + 5.25 + 19.25 + 5.25 + 13.25 + 3.25$
   = 99.5

全平均 = 総度数 ÷ 人数 = 194 ÷ 30 = 6.46… ≒ 6.5

$SS(A)$ (要因Aの主効果の和) = $(A_1$ ビールの平均 − 全平均$)^2 \times 15$
          + $(A_2$ ワインの平均 − 全平均$)^2 \times 15$
        = $(6-6.5)^2 \times 15 + (6.93-6.5)^2 \times 15$
        = $3.75 + 2.77 = 6.52$ ——Ⓓ

$SS(B)$ (要因Bの主効果の和) = (チーズ平均 − 全平均)$^2 \times 10$ + (ハム平均 − 全平均)$^2 \times 10$
          + (枝豆平均 − 全平均)$^2 \times 10$
        = $(5-6.5)^2 \times 10 + (7-6.5)^2 \times 10 + (7.4-6.5)^2 \times 10$
        = $22.5 + 2.5 + 8.1 = 33.1$ ——Ⓔ

$SS(AB)$ (要因A・要因Bの交互作用) = 全体平方和 − $SS(A)$ − $SS(B)$ − SS(誤差) より
          = $99.5 - 6.52 - 33.1 - 42.8$
          = 17.08 ——Ⓕ

SS(誤差) = $(3-4)^2 + (7-4)^2 + (2-4)^2 + (2-4)^2 + (6-4)^2 + (5-6)^2 + (7-6)^2$
      + $(7-6)^2 + (5-6)^2 + (6-6)^2 + (6-8)^2 + (9-8)^2 + (9-8)^2 + (9-8)^2$

$$+ (7-8)^2 + (6-6)^2 + (7-6)^2 + (5-6)^2 + (7-6)^2 + (5-6)^2 + (8-8)^2$$
$$+ (7-8)^2 + (9-8)^2 + (8-8)^2 + (8-8)^2 + (6-6.8)^2 + (8-6.8)^2 + (6-6.8)^2$$
$$+ (7-6.8)^2 + (7-6.8)^2 = 22 + 4 + 8 + 4 + 2 + 2.8$$
$$= 42.8 \quad —Ⓖ$$

⑤（MS である平均平方を計算）

$$MS(A) = \frac{SS(A)}{df(お酒の種類)} = \frac{6.52}{2-1} = 6.52 \quad —Ⓗ$$

$$MS(B) = \frac{SS(B)}{df(つまみの種類)} = \frac{33.1}{3-1} = 16.55 \quad —Ⓘ$$

$$MS(AB) = \frac{SS(AB)}{(2-1) \times (3-1)} = \frac{17.08}{2} = 8.54 \quad —Ⓙ$$

$$MS(誤差) = \frac{SS(誤差)}{29-1-2-2} = \frac{42.8}{24} = 1.78 \quad —Ⓚ$$

全自由度 $df = 30 - 1 = 29$ より

⑥（F の計算）

$$F(A) = \frac{6.52}{1.78} = 3.66 \quad —Ⓛ \text{（分子の } df=1\text{、分母の } df=24\text{）}$$

$$F(B) = \frac{16.55}{1.78} = 9.30 \quad —Ⓜ \text{（分子の } df=2\text{、分母の } df=24\text{）}$$

$$F(AB) = \frac{8.54}{1.78} = 4.80 \quad —Ⓝ \text{（分子の } df=2\text{、分母の } df=24\text{）}$$

⑦（以上の数値を入れて分散分析表を完成する）

	SS	df	MS	F
お酒の種類（A）	6.52	1	6.52	3.66
おつまみの種類（B）	33.1	2	16.55	9.30
交互作用	17.08	2	8.54	4.80
誤差	42.8	24	1.78	

⑧（以上のことから判断）

5％の有意水準を考えると、

分子の $df=1$、分母の $df=24$ の時の F の臨界値→4.26

分子の $df=2$、分母の $df=24$ の時の F の臨界値→3.40

より、帰無仮説 H_{02} と H_{03} が棄却される。よっておつまみの種類の主効果とお酒の種類×おつまみの種類の交互作用効果が有意である。

答え　お酒の種類×おつまみの種類の2要因の分散分析の結果、有意水準5％で、おつまみの種類の主効果と両要因の交互作用が有意であるといえる。

2．①まずⒸは $df = 2 - 1 = 1$

　　Ⓒが決まればⒼ＝16

　　次にⒹは、要因A×要因Bより、$df = (2-1) \times (3-1) = 2$

　　これより、Ⓑ＝21×2＝42、Ⓐ＝20×2＝40

　　$\dfrac{21}{Ⓗ} = 4.2$ より、Ⓗ＝5、Ⓗ＝$\dfrac{210}{Ⓒ}$ より $5 = \dfrac{210}{Ⓒ}$ ∴Ⓒ＝42

　　Ⓘ＝$\dfrac{20}{5}$＝4　　Ⓕ＝1＋2＋2＋42＝47

　　　　答え　Ⓐ＝40、Ⓑ＝42、Ⓒ＝1、Ⓓ＝2、Ⓔ＝42、Ⓕ＝47、Ⓖ＝16、Ⓗ＝5、Ⓘ＝4

②(47＋1)÷6＝8　　　　　　　　　　　　　　　　　　　　　　　　　答え　8人

③カテゴリー3つだから、環境要因　　　　　　　　　答え　まわりの環境要因

④$F(A) = 3.2$　　臨界値（4.07）　　（分子の$df = 1$、分母の$df = 42$）

　$F(B) = 4.0$　　臨界値（3.22）　　（分子の$df = 2$、分母の$df = 42$）

　　　　$F(B) >$臨界値
　　　　4.0　　3.22

　　　答え　∴要因B、つまりまわりの環境要因が5％で主効果がみられた。

⑤$F(AB) = 4.2$　　臨界値　3.22

　　　　4.2＞3.22　　　　　答え　∴交互作用は、5％で有意差がみられた。

■ 心理統計ではこう使う

　教育分野において、生徒と指導法のミスマッチを少なくし、学習効果を改善するために2要因分散分析を用いることができます。この場合、生徒の性格特性である独立心や活動力という独立変数と、指導法という独立変数を組み合わせた交互作用の効果を測定・判断し、それをもとに、各生徒に合った指導を行うというように利用されます。

6章　相関関係と回帰

この章でやること

Ques.1　相関関係と検定の違いって何？　·············▶

Ques.2　散布図って何？　·································▶

Ques.3　ϕ 係数、スピアマンの順位相関係数、
　　　　　ピアソンの積率相関係数とは？　·············▶

Ques.4　回帰って何？　····································▶

Ques.5　因子分析って何？　······························▶

Ans.1
どちらも2つ以上のデータを見るときに用いるものです。相関関係はデータ間の関係を見るとき、検定はデータ相互間の差を見るときに用います。

Ans.2
散布図は、2つのデータの関係の様子を視覚的に大まかに知るために、2つのデータの測定値を対応させて、グラフ上に点で表示したもの。

Ans.3
ϕ係数は、ともにカテゴリー数が2である名義尺度間の強度を表します。スピアマンの順位相関係数は、カテゴリー数がNである順序尺度間の方向と強度を、ピアソンの積率相関係数は、カテゴリー数がNである間隔尺度間の強度を表します。

Ans.4
回帰とは、2つの量の関係を示した散布図の傾向をつかみやすくするために、1本の直線を引くことです。

Ans.5
因子分析とは、複数の変数間の関係性を探る場合に用いるもの。測定データに影響を及ぼす少数の潜在変数を仮定して、その及ぼす影響度を見ることをいいます。

Q1 相関関係と検定の違いって何？

相関関係
　2つの事象のデータをX、Yと置くとき、Xが大きくなるとYが小さくなるのか、その逆なのか、関係性がないのかを見るもの

推測統計
- 検定（差を調べる）
  - ①比率の差 →χ^2検定
  - ②中央値の差→メディアン検定
  - ③平均値の差
    - 2つの平均値　—t検定
    - 3つ以上の平均値—分散分析
  - ④分散の差→F検定
- 相関関係（関係を調べる）
  - ①名義尺度間→χ^2検定
    　連関係数（ϕ係数）
    　（値の範囲：-1〜$+1$）
  - ②順序尺度間→順位相関係数（スピアマン）
    　（値の範囲：-1〜$+1$）
  - ③間隔尺度間→相関比
    　積率相関係数（ピアソン）
    　（値の範囲：-1〜$+1$）

※差を調べるのか関係を調べるのかにより、検定を行うのか、相関関係を行うのかが異なる。

相関関係があるとは
　ある測定値の連続的な変化に対応して、他の測定値が連続して変化すること

　2つ以上のデータがあるとき、その関係を見るのか差を見るのかによって、相関関係と検定に方法が分かれます。
　検定とは、データ相互間の差を調べるもので、比率の差を見るχ^2検定や

中央値の差を見るメディアン検定、また平均値の差を問題にし、2つの平均値について見ていくものであるt検定、3つ以上の平均値の差を見る分散分析、さらに分散の差を見るF検定があります。これらの検定は、差がないと仮定した帰無仮説を立て、それを1％もしくは5％の有意水準で棄却できるかできないかで判断を下すものです。

相関関係は、データ間の関係を調べるものです。2つの事象のデータをX、Yと置くとき、Xが大きくなるとYが小さくなるのか、その逆なのか、関係性がないのかを見ます。名義尺度同士の場合にはχ^2検定、連関係数などが、また順序尺度同士の場合にはスピアマン順位相関係数が、間隔尺度同士の場合には相関比やピアソン積率相関係数があります。これらは、係数を求めることにより2つの関係を見るものです。

身近なことから考えてみると…

あるクラスの生徒の身長と体重に関係があれば、それは相関関係があると考えられます。その場合、身長が高い人ほど体重が重く低い人ほど軽いときを正の相関があるとすれば、その逆に身長が高い人ほど体重が軽く低い人ほど重いときを負の相関があるといいます。なお、相関関係は、着目する点によって、正の相関か負の相関かが変わるので注意が必要です。

相関の強さは、相関係数$r(-1 \leq r \leq 1)$で示され、$r=1$のときに最も相関が強いといえます。1時間に常に決まった数の部品を作る機械があれば、機械の稼働時間と出来上がる部品の数に強い相関が見られ、$r=1$となります。

問題

検定と相関関係の相違について説明しなさい。

解答

2つのデータがあるときに、データ間の差を見るのが検定であり、データ相互の関係を見るのが相関関係である。検定には、比率の差を見るχ^2検定や中央値の差を見るメディアン検定、平均値の差を問題にして2つの平均値について見るt検定、3つ以上の平均値の差を見る分散分析、標準

偏差の差を見る F 検定がある。一方相関関係は、名義尺度同士の場合には χ^2 検定や連関係数、順序尺度の場合にはスピアマン順位相関係数、間隔尺度の場合には相関比やピアソン積率相関係数がある。

心理統計ではこう使う

　心理治療におけるカウンセリングがどの程度有効なのかを見るために、不安症の10人にカウンセリングの回数と心理不安度のアンケートを行って、2つの変数の間にどのような関係があるのか、相関関係を見たりします。また、双生児の研究などで、ペアとなる双生児の行動や性格の間にはどのような関係があるかを見る場合にも、相関関係は用いられます。

Q2 散布図って何？

散布図
　2つのデータの測定値を対応させ、グラフ上に点で表示したもの
　これにより2つのデータの関係の様子を大まかに知ることができる
散布図のパターン

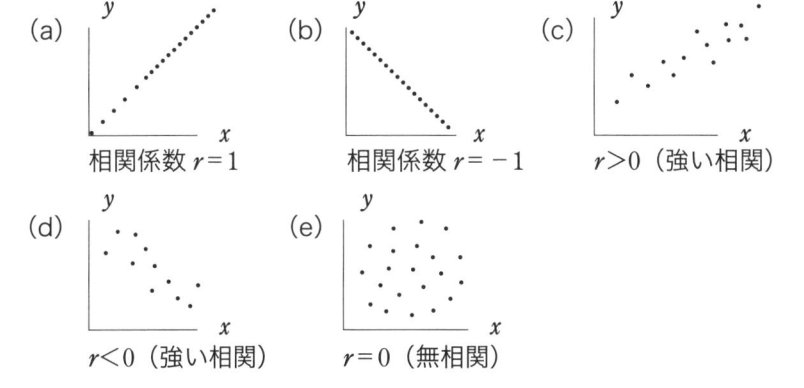

(a) 相関係数 $r=1$
(b) 相関係数 $r=-1$
(c) $r>0$（強い相関）
(d) $r<0$（強い相関）
(e) $r=0$（無相関）

$|r|$：0〜0.2→相関がほとんどない
　　　0.2〜0.4→弱い相関がある
　　　0.4〜0.7→かなりの相関がある
　　　0.7〜1.0→強い相関がある

相関関数 r の導出方法
　①データを整理する
　②データそれぞれの平均値を求める
　③それぞれの統計量から平均値を差し引いてそれらの積の和を求める
　　$\sum_{i=1}^{N}(X_i-\overline{X})(Y_i-\overline{Y})$
　④それぞれのデータの偏差平方和を求める
　　$\sum_{i=1}^{N}(X_i-\overline{X})^2 \quad \sum_{i=1}^{N}(Y_i-\overline{Y})^2$
　⑤③で求めた積を④で求めた偏差平方の和の積の二重根で割る

$$r = \frac{\sum\limits_{i=1}^{N}(X_i-\overline{X})(Y_i-\overline{Y})}{\sqrt{\left\{\sum\limits_{i=1}^{N}(X_i-\overline{X})^2\right\} \times \left\{\sum\limits_{i=1}^{N}(Y_i-\overline{Y})^2\right\}}}$$

　ある測定値の連続的な変化に対応して、他の測定値が連続して変化することを相関関係があるといいます。相関関係がある2つのデータの関係の様子を大まかに知るためには、散布図を用います。散布図とは、2つのデータの測定値を対応させ、グラフ上に点で表示したものをいいます。

　散布図には正相関、負相関、無相関があります。正相関は、散布図（a）（c）のように、xの値が大きくなるのに対応してyの値も大きくなるものを言います。また、それとは反対に、散布図（b）（d）のように、xの値が大きくなるのに応じてyの値が小さくなるような関係を負相関といいます。

　このような散布図の型と関係を見ていくためには、間隔尺度どうしの関係をはっきりさせる必要があり、そのためにはピアソン相関関数rを求めます。その手順は以下のようになります。まずデータを整理し、それぞれの平均値を求めます。その上で、x、yそれぞれの統計量から平均値を差し引いたものの積の和を求めます。次にx、yそれぞれの統計量から偏差の平方和を求めます。このようにして求めたrについて、$0 \leq |r| \leq 0.2$のときは相関がほとんどない、$0.2 < |r| \leq 0.4$のときは弱い相関がある、$0.4 < |r| \leq 0.7$のときはかなりの相関がある、$0.7 < |r| \leq 1.0$のとき強い相関があるということになります。特に相関関数$r=1$のときは、（a）のような散布図になり、全ての点は右上がりの直線上に存在します。また、$r=-1$のときは、（b）のように右下がりの直線上にすべての点が存在します。なお、$r=0$の時には無相関となります。

身近なことから考えてみると…

　ある高校で英語と数学のテストを行って、2科目の間にどのような関係があるのかを見るときに、単なる数値ではイメージがしにくいでしょう。そのとき2科目の相関関係をイメージしやすく表すために散布図を使います。

問題

6人の高校生の身長と体重は以下の通りである。彼らの身長と体重の相関関係を判断しなさい。

6人の高校生の身長と体重

	Aさん	Bさん	Cさん	Dさん	Eさん	Fさん
身長（cm）	165	155	172	148	168	170
体重（kg）	65	49	75	44	68	70

解答

1. ①

X_i (cm)	165	155	172	148	168	170
Y_i (kg)	65	49	75	44	68	70

平均値の算出　$\bar{X} = 163.0$　$\bar{Y} = 61.8$

② 　　　　　　　　　　　　　　　　　　　　　　　Σ和

$X_i - \bar{X}$	2	−8	9	−15	5	7	
$Y_i - \bar{Y}$	3.2	−12.8	13.2	−17.8	6.2	8.2	
$(X_i - \bar{X})(Y_i - \bar{Y})$	6.4	102.4	118.8	267	31	57.4	583

③

$(X_i - \bar{X})^2$	4	64	81	225	25	49	448
$(Y_i - \bar{Y})^2$	10.2	163.8	174.2	316.8	38.4	67.2	770.6

④

$$r = \frac{583}{\sqrt{448 \times 770.6}} = \frac{583}{587.5} = 0.99$$

相関係数＝0.99　　　　　答え　強い相関がある

心理統計ではこう使う

例えば、体重と神経症の間に関係があるかどうかを見出すために、体重と神経症尺度を用いて、神経症の相関を判断するときなどに散布図は用いられます。この場合、まず成人20人を無作為に抽出して、体重と神経症尺度を用いて、神経症の相関を数値に表します。しかし、数値だけだとそれらの相関を判断しにくいため、その判断の手助けとなるよう、グラフ上に点で表示した散布図を用いるのです。

Q3 φ係数、スピアマンの順位相関係数、ピアソンの積率相関係数とは？

φ係数とは
- ともにカテゴリー数が2である名義尺度間の強度を表す。
- 2つの質的変数について関係の強さを見る。

$$\phi = \frac{|ad-bc|}{\sqrt{(a+b)(a+c)(b+d)(c+d)}}$$

※ | | は絶対値を表し、0からの距離を表示
例　$|2|=2$
　　$|-2|=2$

φ係数を適用する場合の条件
　2変数とも2つの値をとる離散変量のとき。

φ係数と2つの変数の関係
$0 \leq \phi \leq 1$　①完全に2つの変数が関係している場合　$\phi=1$
　　　　　　②2つの変数に関係が全くない場合　　　$\phi=0$

φ係数とχ^2検定の関係
　右図のφ係数を求めれば、

$$\phi = \frac{|ad-bc|}{\sqrt{(a+b)(a+c)(b+d)(c+d)}}$$

カテゴリー2×2の表

a	b	(a+b)
c	d	(c+d)
(a+c)	(b+d)	

右図のχ^2値を求めれば、　$\chi^2 = \dfrac{N(ad-bc)^2}{(a+b)(a+c)(b+d)(c+d)}$

φ係数とχ^2値を合わせるために、以下のことを行う。

φ係数を2乗する　$\phi^2 = \dfrac{(ad-bc)^2}{(a+b)(a+c)(b+d)(c+d)}$

χ^2 値の両辺を N で割る　　$\dfrac{X^2}{N} = \dfrac{(ad-bc)^2}{(a+b)(a+c)(b+d)(c+d)}$

以上より両者の関係は　　$\phi^2 = \dfrac{X^2}{N}$

スピアマンの順位相関係数とは
- カテゴリー数が N である順序尺度間の方向と強度を表す
- 2つの量的変数について、それぞれの対象となるデータ値の大きさに関連した順位の間の対応関係の相関（方向と強さ）を見る

$r_s = 1 - \dfrac{6\sum_{i=1}^{N} d_i^2}{N(N^2-1)^2}$　　$\therefore d_i^2 = (x_i - y_i)^2$（データ差の二重和ではなく、順位差の二乗和）

N：データ数

スピアマンの順位相関係数を適用する場合の条件
① 外れ値があるとき
② 大きい順または小さい順に方向性を決めて、データの方向を統一するとき
③ 順序尺度の変数とした方が適切な場合

スピアマンの順位相関係数と2つの変数の関係

$-1 \leq r_s \leq 1$　① 2つのデータのそれぞれの対象データの順位が一致している場合　$r_s = 1$
　　　　　　　　② 2つのデータのそれぞれの対象データの順位が逆転している場合　$r_s = -1$

ピアソンの積率相関係数
- 比率尺度や間隔尺度に基づいた2つのデータ間の直線的相関（方向と強さ）を見る
- カテゴリー数が N である間隔尺度間の強度を表す。

$r = \dfrac{\dfrac{1}{N}\sum_{i=1}^{N}(X_i - \overline{X})(Y_i - \overline{Y})}{\sqrt{\left\{\dfrac{1}{N}\sum_{i=1}^{N}(X_i - \overline{X})^2\right\}\left\{\dfrac{1}{N}\sum_{i=1}^{N}(Y_i - \overline{Y})^2\right\}}}$

ピアソンの積率相関係数を適用する場合の条件
　・2変数がともに正規分布にしたがうとき。
　・2変数が回帰直線にできるとき。
ピアソンの積率相関係数と2つの変数の関係
　$-1 \leq r \leq 1$　①ほとんど相関がない場合　　　$0.00 \leq |r| \leq 0.20$
　　　　　　　②弱い相関がある場合　　　　　$0.20 < |r| \leq 0.40$
　　　　　　　③かなり強い相関がある場合　　$0.40 < |r| \leq 0.70$
　　　　　　　④強い相関がある場合　　　　　$0.70 < |r| \leq 1.00$

　ϕ係数は、ともにカテゴリー数が2である名義尺度間の関係の強度を見るのに使われます。

　それぞれのカテゴリーのデータをa、b、c、dとすれば、ϕ係数を求める公式は、$\phi = \dfrac{|ad-bc|}{\sqrt{(a+b)(a+c)(b+d)(c+d)}}$で表示されます。この場合、| |は絶対値のことで、数直線上では0からの距離を意味します。したがって、+2も−2も、どちらも2になります。

　ϕ係数は、完全に2つの変数が関係しているときは$\phi=1$、2つの変数に全く関係がないときには$\phi=0$になります。例えば残業時間が1時間未満の人と、1時間以上の人について、残業時間と疲労の関係を調査したとします。そのとき、ϕ係数が1であれば、2つの関数は関係しており、60分未満の残業では疲労をほとんど感じないが、60分以上の残業では疲労を感じるということになります。一方、ϕ係数が0であれば、2つの変数には全く関係がないということになり、残業時間と疲労は無関係となります。

　次にϕの値と同じくカテゴリー2×2の時に用いるχ^2の値の関係について見てみましょう。それぞれの値は以下のように表されます。

$$\phi = \frac{|ad-bc|}{\sqrt{(a+b)(a+c)(b+d)(c+d)}}$$

$$\chi^2 = \frac{N(ad-bc)^2}{(a+b)(a+c)(b+d)(c+d)}$$

上記の式を解くと、$\phi^2 = \dfrac{X^2}{N}$となります。つまり、ϕ係数で求めたものの有意性を検討するにはχ^2検定を行えば良いということになります。

スピアマンの順位相関係数は、カテゴリー数がNである順序尺度間の方向と強度を表し、$r_s = 1 - \dfrac{6\sum_{i=1}^{N} d_i^2}{N(N^2-1)}$で表示されます。言い換えれば、順序尺度（順位尺度）をなしている、2データ間の順位の一致度を表示する場合に用います。使用されるのは、①外れ値があるとき、②大きい順または小さい順に方向性を決めてデータの方向を統一するとき、③順序尺度の変数とした方が適切な場合などです。計算結果がスピアマンの順位相関係数になるときの条件は、$-1 \leq r_s \leq 1$の範囲にあるときで、$r_s = 1$のときは、2つのデータの対象データの順位が一致します。また、$r_s = -1$のときは、2つのデータの対象データの順位が逆転します。

ピアソンの積率相関係数は、比率尺度や間隔尺度に基づいた2つのデータ間の直線的相関の方向と強さを表示するために用いられます。rは$-1 \leq r \leq 1$の範囲にあり、$0.00 \leq |r| \leq 0.20$のときはほとんど相関がなく、$0.20 < |r| \leq 0.40$のときは弱い相関がある、$0.40 < |r| \leq 0.70$のときにはかなり強い相関があり、$0.70 < |r| \leq 1.00$のときには強い相関がある、と見なされます。

身近なことから考えてみると…

ϕ係数は、例えば30歳以上の既婚者と独身者を対象として、自分の健康への関心度の関係がどうであるかを見る場合などに用います。

スピアマンの順位相関係数は、例えば2人の女子高校生にオレンジジュース、コーラ、レモンスカッシュ、緑茶、コーヒー、牛乳の6つの飲み物に関して、好きな順に1〜6位までの順位をつけてもらい、これにより2人の女子高生の嗜好がどの程度似ているかを見るときに用います。

ピアソンの積率相関係数は、例えば自分の知性と交際相手の知性の関係を見るときなどに使います。この場合、自分の知性認定が低い人は交際相手の知性認定が低く、自分の知性認定が高い人は交際相手の知性認定が高い、などの対応関係を見るための知性認定値を間隔尺度と見なして計算しています。

問題

1. ある会社で、残業時間1時間未満の人と、残業時間1時間以上の人をそれぞれ100人ずつ選び、残業時間と疲労の関係を調査した【A】【B】の表がある。残業時間と疲労の関係について、それぞれ何がいえるか。

   【A】

	残業時間60分未満	残業時間60分以上	
疲労なし	100	0	100
疲労あり	0	100	100
	100	100	200

   【B】

	残業時間60分未満	残業時間60分以上	
疲労なし	50	50	100
疲労あり	50	50	100
	100	100	200

2. 30代の男女それぞれ50人に、睡眠時間に関して調査した結果、次のデータを得た。このデータよりϕ係数を求めなさい。

	睡眠時間7時間未満	睡眠時間7時間以上	
男	42	8	50
女	18	32	50
計	60	40	100

3. 5人の人物について、2人の被験者が好みの順に並べた。このことから、2人の好みがどの程度似ているかを考えて下さい。

	人物α	人物β	人物γ	人物δ	人物ε
被験者A	4	2	5	3	1
被験者B	4	1	5	3	2

4．10代から20代のカップル群に対して、相手に尽くしたいか尽くされたいかのアンケートを行い、次のデータを得た。各データの得点は0〜100の範囲で表されている。質問を複数行い、そこで相手に尽くされたいと思う人が、相手から尽くされたいかを分析するために相関係数を求め、調査せよ。

被験者	1	2	3	4	5	6
尽くしたい (x_i)	20	50	60	10	90	80
尽くされたい (Y_i)	30	70	50	20	100	60

5．2変数間の関係を調べるために、以下の3つの事例で、まずピアソンの積率相関係数を算出し、あわせて相関図を描いてみた。それぞれの事例における2変数間の関係を述べなさい。

①世界73ヶ国の面積と国防費の相関を算出すると$r=0.56$であった。

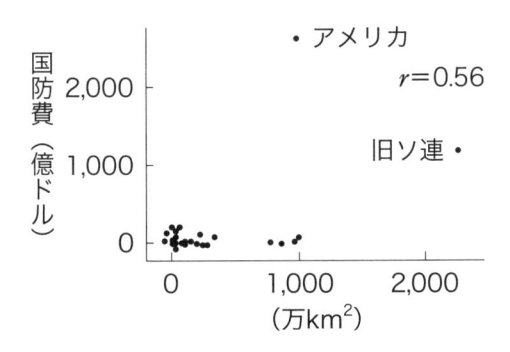

② 世界73ヶ国の出生率と死亡率の相関を算出すると $r=0.51$ であった。

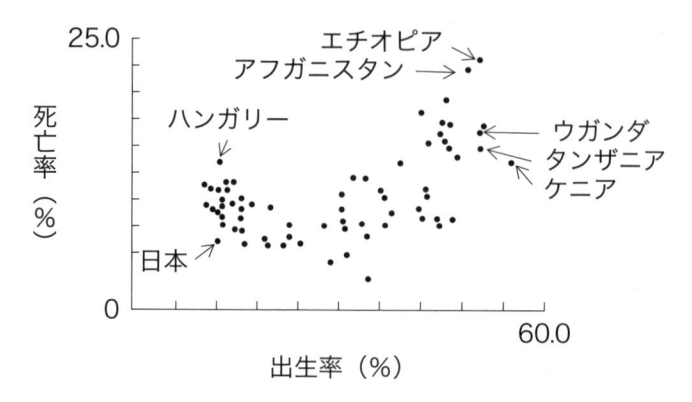

③ 2種類のアヤメ（●と▲）のがくの長さと幅との相関を算出すると $r=-0.21$ であった。

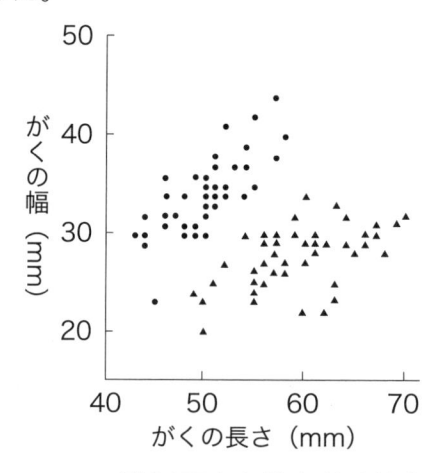

（横浜国立大学大学院教育学研究科1999年度）

解答

1. ϕ 係数を使用する。

   【A】 $\phi = \dfrac{|100 \times 100 - 0|}{\sqrt{100 \times 100 \times 100 \times 100}} = \dfrac{10000}{10000} = 1$

   $\phi=1$ で2つの変数が関係している。

   答え　60分未満の残業では疲労をほとんど感じないが60分以上の残業では疲労を感じ

る。

【B】 $\phi = \dfrac{|50 \times 50 - 50 \times 50|}{\sqrt{100 \times 100 \times 100 \times 100}} = 0$

$\phi = 0$ で2つの変数には全く関係がない。

答え　どのカテゴリー条件も同じになって2つの変数の関係性は見出せない。

2．ϕ係数を使用する。

$\phi = \dfrac{|42 \times 32 - 8 \times 18|}{\sqrt{50 \times 50 \times 60 \times 40}} = \dfrac{|1344 - 144|}{\sqrt{6000000}} = \dfrac{1200}{\sqrt{6} \times 1000}$

$= \dfrac{1200}{2.45 \times 1000} = \dfrac{1200}{2450} = 0.489$

3．スピアマンの順位相関係数を使用する。

	人物 α	人物 β	人物 γ	人物 δ	人物 ε
被験者A	4	2	5	3	1
被験者B	4	1	5	3	2
$|d|$	0	1	0	0	1
d^2	0	1	0	0	1

$\Sigma d^2 = 0 + 1 + 0 + 0 + 1 = 2$

$r_s = 1 - \dfrac{6 \times 2}{5(5^2 - 1)^2} = 1 - \dfrac{12}{5 \times 24^2} = 1 - \dfrac{12}{5 \times 24 \times 24} = 1 - \dfrac{1}{5 \times 24 \times 2} = 1 - \dfrac{1}{240} = \dfrac{239}{240} = 0.99$

4．帰無仮説 H_0：相手に尽くしたいタイプと尽くされたいタイプに相関はない。

表を作成する。

被験者	1	2	3	4	5	6	平均
X_i	20	50	60	10	90	80	51.6
$X_i - \overline{X}$	−31.6	−1.6	8.4	−41.6	38.4	28.4	
$(X_i - \overline{X})^2$	998.5	2.5	70.5	1730.5	1474.5	806.5	5083
Y_i	30	70	50	20	100	60	55
$Y_i - \overline{Y}$	−25	15	−5	−35	45	5	
$(Y_i - \overline{Y})^2$	625	225	25	1225	2025	25	4150
$(X_i - \overline{X})(Y_i - \overline{Y})$	790	−24	−42	1456	1728	142	4050

$$\therefore 公式 \quad r = \frac{\frac{1}{N}\Sigma(X_i-\overline{X})(Y_i-\overline{Y})}{\sqrt{\frac{1}{N}\Sigma(X_i-\overline{X})^2}\sqrt{\frac{1}{N}\Sigma(Y_i-\overline{Y})^2}} = \frac{\frac{4050}{6}}{\sqrt{\frac{5083}{6}}\sqrt{\frac{4150}{6}}}$$

$$= \frac{675}{\sqrt{847.1}\sqrt{691.6}} = \frac{675}{765.4} = 0.881$$

強い相関がある。よって帰無仮説は棄却して、相手に尽くしたいと思う傾向があれば、相手に尽くされたいと思う傾向があるといえる。

　　答え　相手に尽くしたいと思う傾向があれば、相手に尽くされたいと思う傾向があるといえる。

5．①ピアソンの積率相関係数が $r=0.56$ なので、$0.4<|r|\leq 0.7$ の間にあり、かなりの相関がある。
　　　　　　　答え　世界73ヶ国の面積と国防費の関係にはかなりの相関がある。

②ピアソンの積率相関係数が $r=0.51$ なので、$0.4<|r|\leq 0.7$ の間にあり、かなりの相関がある。
　　　　　　　答え　世界73ヶ国の出生率と死亡率の関係には、かなりの相関がある。

③ピアソンの積率相関係数が $r=-0.21$ なので、$0.2<|r|\leq 0.4$ の間にあり、弱い相関がある。
　　　　　　　答え　2種類のアヤメのがくの長さと幅の関係には弱い相関がある。

心理統計ではこう使う

　ϕ 係数は、例えば、不登校の生徒とそうでない生徒の間の心理不安度の調査や、ある教科を好きな生徒と嫌いな生徒間の理解度の調査など、2カテゴリーの順序尺度間の関係の強度を知るために用います。

　スピアマンの順位相関係数は、例えば表情から評定した不安度の順位と、不安尺度を用いて測定評価した不安順位の関係のように、2つの変量間の順位の一致を示すときに用いられます。

　ピアソンの積率相関係数の場合、似たもの同志の関係、例えば自分の知性評価の程度と交際相手の知性の程度、あるいは自分の魅力評価の程度と恋人に対する魅力評価の程度など、ここでの評価値を間隔尺度とみなして2つの変量の間の関連の程度を見るときに、用いられます。

Q4 回帰って何？

回帰とは
　２つの量の関係を示した散布図の傾向をつかみやすくするために、１本の直線を引くこと。

x の y への回帰
　x の値から y の値を推測すること。
　x …説明変数（独立変数）
　y …基準変数（従属変数）

回帰直線
　２つの量の関係を示した散布図の傾向を生かすように引いた直線。

回帰直線の式
　$y = ax + b$　　　a →傾き（回帰係数）　b →切片

回帰直線式導出の手順
① x と y の値からそれぞれの平均値に近い整数をひく（またはたす）ことで、X と Y に変換する。
② X と Y の平均値を出す。その上で、変換前の尺度に帰し、x と y の平均値を出す。
③ x の偏差平方和と xy の偏差平方和を求める。

$$x の偏差平方和 = X^2 の和 - \frac{(X の和)^2}{データ数} \quad —Ⓐ$$

$$xy の偏差平方和 = XY の和 - \frac{(X の和) \times (Y の和)}{データ数} \quad —Ⓑ$$

④回帰係数 a を導出
$$a = \frac{Ⓑ}{Ⓐ}$$

⑤ b を求める
　$b = y$ の平均値 $- a\bar{x}$　　　　　　　　　∴ $\bar{x}$ は x の平均値

⑥回帰式を作る
　　$y = ax + b$
2次式以上の回帰直線の式
　　$y = ax^2 + bx + c$　　　$a →$ 傾き（回帰係数）　$b →$ 切片

$$a = \frac{(データ数 \times X^2Y の和) - (X^2 の和 \times Y の和)}{(データ数 \times X^4 の和) - (X^2 の和)^2}$$

$$b = \frac{XY の和}{X^2 の和}$$

$$c = \frac{(X^4 の和 \times Y の和) - (X^2 の和 \times X^2Y の和)}{(データ数 \times X^4 の和) - (X^2 の和)^2}$$

　2つの量の関係を示した散布図の傾向をつかみやすくするために、1本の直線を引くことを回帰といいます。xからyへの回帰とは、xの値からyの値を推測することをいいます。この場合、xは説明変数、yは基準変数と呼ばれます。

　この回帰直線の導出の仕方を説明してみましょう。回帰直線は、式で表示すれば$y = ax + b$となります。この式において、aは回帰係数と呼ばれグラフの傾きを表します。bはy切片を意味し、Y軸と交わる交点のY座標の値を表します。

　回帰直線を導出するには、まずXとYの平均値を計算します。その上で変換前の尺度に戻してxyの平均値を出します。次にXYの偏差平方和をXの偏差平方和で割れば回帰係数が求められます。その上でyの平均値からxの平均値に回帰係数aをかけた値を引けば、bの値が求められます。

身近なことから考えてみると…

　7月1日から30日までの、それぞれの最高気温とビールの売り上げの実績が分かっているとします。その場合、回帰直線を使うことで、8月のある日の最高気温予測から、その日の売り上げを予測することができます。

　なお、それぞれの最低気温なども分かっている場合には、2次式以上の回帰直線を用いてより厳密に売り上げを予測することもできます。

問題

1. x と y の間に相関関係があるとして、以下の表を使用して回帰式を求めて下さい。

	x	y	X	Y	X^2	Y^2	XY
1	23	16	3	−2	9	4	−6
2	21	20	1	2	1	4	2
3	24	23	4	5	16	25	20
4	16	21	−4	3	16	9	−12
5	22	19	2	1	4	1	2
6	15	16	−5	−2	25	4	10
7	19	18	−1	0	1	0	0
8	26	23	6	5	36	25	30
9	20	19	0	1	0	1	0
10	17	16	−3	−2	9	4	6
11	19	16	−1	−2	1	4	2
12	17	19	−3	1	9	1	−3

2. 次の計算表を利用して2次方程式 $y = ax^2 + bx + c$ を求めて回帰曲線を求めなさい。

	X	X^2	Y	X^4	XY	X^2Y
1	−2	4	102.0	16	−204.0	408.0
2	−1	1	106.5	1	−106.5	106.5
3	0	0	110.0	0	0	0
4	1	1	112.5	1	112.5	112.5
5	2	4	114.0	16	228.0	456
和	0	10	545.0	34	30	1083

解答

1.

	x	y	X	Y	X^2	Y^2	XY
和	239	226	−1	10	127	82	51

① $X = x - 20$　$Y = y - 18$ とする

② $\bar{x} = \dfrac{-1}{12} + 20 ≒ 19.91$　$\bar{y} = \dfrac{10}{12} + 18 ≒ 18.83$

③ 回帰係数 $a = \dfrac{xy の偏差平方和}{x の偏差平方和} = \dfrac{51.8}{126.9} ≒ 0.41$

④ xy の偏差平方和 $= XY$ の和 $- \dfrac{(X の和) \times (Y の和)}{データ数}$

$= 51 - \dfrac{-1 \times 10}{12} = 51 + \dfrac{10}{12}$

$= 51 + 0.83 = 51.83$

x の偏差平方和 $= X^2$ の和 $- \dfrac{(X の和)^2}{データ数}$

$= 127 - \dfrac{(-1)^2}{12} = 127 - \dfrac{1}{12} = 127 - 0.083 = 126.917 ≒ 126.9$

⑤ b を求める

$b = \bar{y} - (a \times \bar{x})$ より　$b = 18.83 - (0.41 \times 19.91) = 18.83 - 8.16 = 10.67$

⑥ 求める回帰式

$y = 0.41x + 10.67$　　　　　　　　　　　　　　答え　$y = 0.41x + 10.67$

2．公式より、$a = \dfrac{(5 \times 1083) - (10 \times 545)}{(5 \times 34) - 10^2} = \dfrac{5415 - 5450}{70} = \dfrac{-35}{70} = -0.5$

$b = \dfrac{30}{10} = 3$

$c = \dfrac{(34 \times 545) - (10 \times 1083)}{(5 \times 34) - 10^2} = \dfrac{18530 - 10830}{70} = \dfrac{7700}{70} = 110$

$y = -0.5x^2 + 3x + 110$　　　　　　　　　　　答え　$y = -0.5x^2 + 3x + 110$

心理統計ではこう使う

　単語テストの得点からIQを予測する場合などに回帰の概念を用いることができます。その場合、被験者50人に関して、ある一定時間で覚えた単語とIQの関係を調べ、単語テストの得点をX軸に、IQをY軸にとって散布図を作成します。これに単回帰直線を当てはめることができれば、単語テストの得点からIQを予測することができたことになります。

Q5 因子分析って何?

因子分析とは
　複数のデータ間の関係性を探る場合に用いる。測定データに影響を及ぼす少数の潜在変数を仮定して、その及ぼす影響度を見ること。

因子とは
　因子分析における潜在変数のこと。実際に測定されるものではなく、測定されたデータ間の相関関係をもとに導き出されるもの。

重回帰分析とは
　原因と思われる複数の変数を用いて、得られた結果を説明するときや、いくつかの原因からその結果を予測しようとするときなどに行われる。データ間に相関関係があるとき、データ間の直接の因果関係を仮定して、その大きさを見るもの。

因子分析と重回帰分析の違い
・因子分析は質的データを分析するもの
・重回帰分析は量的データを分析するもの

パス図
　何らかの直接的な因果関係があるとされるデータについて、潜在変数から測定変数へ矢印を引いて1つの図として表した因果モデル。

【パス図による因子分析の表現】

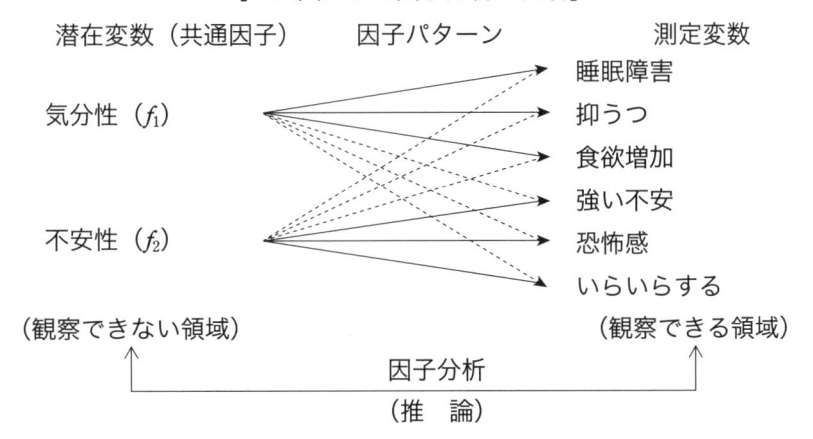

潜在変数（共通因子）	因子パターン	測定変数
気分性（f_1）		睡眠障害
		抑うつ
		食欲増加
		強い不安
不安性（f_2）		恐怖感
		いらいらする

（観察できない領域）　　　　　　　　　（観察できる領域）
　　　　　　　　因子分析
　　　　　　　　（推　論）

> 因子分析の種類
> ①探索的因子分析→一群の因子の種類と説明可能な因子個数を見出していくもの
> ※研究フィールドに関する経験的基盤や理論が十分に確立していない場合
> ②確認的因子分析→収集したデータが、理論的仮説メカニズムに適合するか否かを調べる
> ※データが理論仮説メカニズムに適合するかどうかのチェックのみ

　因子分析は、いくつかの変数の中に隠れている共通の要因（共通因子）を探るときに用いられます。要因は潜在変数ともいわれ、これが測定データに影響を及ぼす影響度を見るのが因子分析です。

　因子分析と似たものに重回帰分析がありますが、この2つを比較してみましょう。重回帰分析は、原因と思われる複数の変数を用いて得られた結果を説明するときや、いくつかの原因からその結果を予測しようとするときなどに用いられます。変数間に相関関係があるとき、変数間の直接の因果関係を仮定して、その大きさを見るものです。質的データを分析する因子分析とは異なり、重回帰分析では量的データを分析します。

　パス図によって因子分析を見ると、観察できる領域にある測定データ（例えば睡眠障害、抑うつ、食欲増加、強い不安、恐怖感、いらいらする）から推論をして、観察できない領域にある因子（ここでは気分性と不安性）を見つけ出すことをいいます。

　因子分析には、探索的因子分析と確認的因子分析があります。探索的因子分析は、研究フィールドに関する経験的基盤や理論が十分に確立していない場合に用いられます。一群の因子の種類と、説明可能な因子個数とを見出していくという方法をとります。一方、後者の確認的因子分析の場合、収集したデータが理論的仮説メカニズムに適合するか否かを調べるために用いられます。なお、因子分析の主流は、この探索的因子分析です。

身近なことから考えてみると…

　高校生のとき、大学入試の模擬試験を受けたことがあるかと思います。その結果、文系志望だった人が、数学や理科の点数が良くて、理系能力があるのではないかと理系に変わったり、理系志望だった人が、国語や社会の点数が良くて、文系能力があるのではないかと文系に変わるということが見られます。

　このような時、私たちは潜在変数として理科能力や文系能力を取り上げており、これを測定データである英語・数学・国語・社会・理科の点数から推論しているのです。

問題

因子分析とは何か。

解答

　複数の変数間の関係を探る場合に用いる分析手法の1つ。全ての質的データが、変数として扱われる。複数の変数間の潜在変数（因子）を見つけ出す手法。

心理統計ではこう使う

　例に出したように、測定データ（ここでは、強い不安・抑うつ感・イライラするなど）である各症状から、その症状の要因を推定し、潜在変数（気分障害や不安性）という要因を推定し、気分障害や不安症とすることで、その潜在変数が測定データに及ぼす影響度を見るときなどに用います。

資 料 集

資料1…正規分布の片側確率
資料2…tの臨界値
資料3…Uの臨界値
資料4…Fの臨界値
資料5…χ^2の臨界値（片側）
資料6…ポアソン分布の上側確率

資料1…正規分布の片側確率

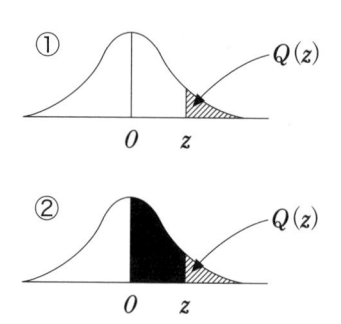

正規分布表の使い方

　ここで示した表は、値Zに対する正規分布の斜線部分の確率を出した表です。例えば、$z=1.82$の場合、縦の軸の1.8と横の軸の交わったところの値である0.034を読み取ります。つまり、グラフの斜線部分で生じる確率が0.034となります。それを踏まえれば、黒い部分で生じる確率は、0.5－0.034＝0.416と分かります。問題を解く際には、求める部分が黒く塗ってある部分なのか、斜線部分なのかに注意しましょう。

　また、表を用いる場合も、①の斜線部分を求めた表なのか、②の黒い部分を求めた表なのかをチェックすることが事前に必要です。ここに示したのは片側確率ですが、両側確率を求める場合は、表示してある片側確率を2倍にして値を求めます。したがって、$z=1.82$の斜線部分の両側確率は0.034×2＝0.068となります。

表の見方（1.82の場合）

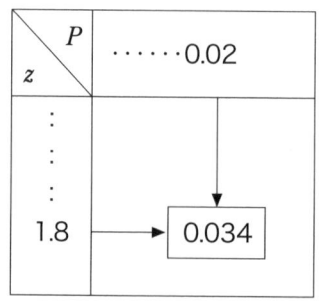

正規分布の片側確率

z \ P	0.00	0.01	0.02	0.03	0.04	0.05	0.06	0.07	0.08	0.09
0.0	0.500	0.496	0.492	0.488	0.484	0.480	0.476	0.472	0.468	0.464
0.1	0.460	0.456	0.452	0.448	0.444	0.440	0.436	0.433	0.429	0.425
0.2	0.421	0.417	0.413	0.409	0.405	0.401	0.397	0.394	0.390	0.386
0.3	0.382	0.378	0.374	0.371	0.367	0.363	0.359	0.356	0.352	0.348
0.4	0.345	0.341	0.337	0.334	0.330	0.326	0.323	0.319	0.316	0.312
0.5	0.309	0.305	0.302	0.298	0.295	0.291	0.288	0.284	0.281	0.278
0.6	0.274	0.271	0.268	0.264	0.261	0.258	0.255	0.251	0.248	0.245
0.7	0.242	0.239	0.236	0.233	0.230	0.227	0.224	0.221	0.218	0.215
0.8	0.212	0.209	0.206	0.203	0.200	0.198	0.195	0.192	0.189	0.187
0.9	0.184	0.181	0.179	0.176	0.174	0.171	0.169	0.166	0.164	0.161
1.0	0.159	0.156	0.154	0.152	0.149	0.147	0.145	0.142	0.140	0.138
1.1	0.136	0.133	0.131	0.129	0.127	0.125	0.123	0.121	0.119	0.117
1.2	0.115	0.113	0.111	0.109	0.107	0.106	0.104	0.102	0.100	0.099
1.3	0.097	0.095	0.093	0.092	0.090	0.089	0.087	0.085	0.084	0.082
1.4	0.081	0.079	0.078	0.076	0.075	0.074	0.072	0.071	0.069	0.068
1.5	0.067	0.066	0.064	0.063	0.062	0.061	0.059	0.058	0.057	0.056
1.6	0.055	0.054	0.053	0.052	0.051	0.049	0.048	0.047	0.046	0.046
1.7	0.045	0.044	0.043	0.042	0.041	0.040	0.039	0.038	0.038	0.037
1.8	0.036	0.035	0.034	0.034	0.033	0.032	0.031	0.031	0.030	0.029
1.9	0.029	0.028	0.027	0.027	0.026	0.026	0.025	0.024	0.024	0.023
2.0	0.023	0.022	0.022	0.021	0.021	0.020	0.020	0.019	0.019	0.018
2.1	0.018	0.017	0.017	0.017	0.016	0.016	0.015	0.015	0.015	0.014
2.2	0.014	0.014	0.013	0.013	0.013	0.012	0.012	0.012	0.011	0.011
2.3	0.011	0.010	0.010	0.010	0.010	0.009	0.009	0.009	0.009	0.008
2.4	0.008	0.008	0.008	0.008	0.007	0.007	0.007	0.007	0.007	0.006
2.5	0.006	0.006	0.006	0.006	0.006	0.005	0.005	0.005	0.005	0.005
2.6	0.005	0.005	0.004	0.004	0.004	0.004	0.004	0.004	0.004	0.004

本資料の数値は、統計数値表編集委員会編『簡約統計数値表』(日本規格協会発行 1977年) を使用させていただきました。

資料2…tの臨界値

t分布表の使い方

　ここで示した表は、右図における斜線部分の確率αと自由度dfに対応するtの値を出した表です。

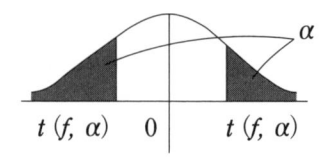

　例えば、自由度6で有意水準が0.05のときのtの値を求めてみましょう。両側検定を行うとすれば、自由度の6の列と有意水準0.05の行の交差した値を読みとって、2.45となります。

　また、両側確率表の片側確率表への変換は、有意水準αを$\frac{1}{2}$倍して、$\frac{\alpha}{2}$と置き換えればよいでしょう。

表の見方

自由度 df ＼ 有意水準 α	0.10	0.05	0.02	0.01
1	6.31	12.71	31.82	63.66
2	2.92	4.30	6.97	9.93
3	2.35	3.18	4.54	5.84
4	2.13	2.78	3.75	4.60
5	2.02	2.57	3.37	4.03
⑥	1.94	2.45	3.14	3.71
⋮	⋮	⋮	⋮	⋮

(1) 自由度を見る

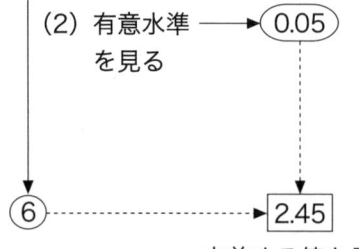

(2) 有意水準を見る　→　0.05

⑥ ────→ 2.45

交差する値を見る

2.45の意味すること
$|t| \geq 2.45$ つまり
t統計検定量 ≥ 2.45
　　　or
t統計検定量 ≤ -2.45
のとき、帰無仮説は棄却される。

t の臨界値

(両側確率)

自由度 df \ 有意水準 α	0.10	0.05	0.02	0.01
1	6.31	12.71	31.82	63.66
2	2.92	4.30	6.97	9.93
3	2.35	3.18	4.54	5.84
4	2.13	2.78	3.75	4.60
5	2.02	2.57	3.37	4.03
6	1.94	2.45	3.14	3.71
7	1.90	2.37	2.99	3.50
8	1.86	2.31	2.89	3.36
9	1.83	2.26	2.82	3.25
10	1.81	2.23	2.76	3.17
11	1.80	2.20	2.72	3.11
12	1.78	2.18	2.68	3.06
13	1.77	2.16	2.65	3.01
14	1.76	2.15	2.62	2.98
15	1.75	2.13	2.60	2.95
20	1.73	2.09	2.53	2.85
30	1.70	2.04	2.46	2.75
40	1.68	2.02	2.42	2.70
∞	1.65	1.96	2.33	2.58

上記の t 分布表の変換

(両側確率)

自由度 df \ 有意水準 α	0.10	0.05	0.02	0.01
1	6.31	12.71	31.82	63.66
2	2.92	4.30	6.97	9.93
3	2.35	3.18	4.54	5.84
4	2.13	2.78	3.75	4.60
⋮	⋮	⋮	⋮	⋮

→ 上記有意水準を2で割る

(片側確率)

自由度 df \ 有意水準 α	0.05	0.025	0.01	0.005
1	6.31	12.71	31.82	63.66
2	2.92	4.30	6.97	9.93
3	2.35	3.18	4.54	5.84
4	2.13	2.78	3.75	4.60
⋮	⋮	⋮	⋮	⋮

※両側確率表の片側確率表への変換は、有意水準 α を $\frac{1}{2}$ 倍して、$\frac{\alpha}{2}$ とおきかえればよい。

本資料の数値は、統計数値表編集委員会編『簡約統計数値表』(日本規格協会発行 1977年)を使用させていただきました。

資料3…Uの臨界値

U分布表の使い方

　例えば、5％で$n_1=6$、$n_2=5$の臨界値を求めてみましょう。列の$n_1=6$と行の$n_2=5$の交差した値を読みとって、3：27となります。この3：27の意味は、3から27の間に値があれば、帰無仮説は棄却されず、この範囲内にない場合には、帰無仮説が棄却されるということを示します。

表の見方

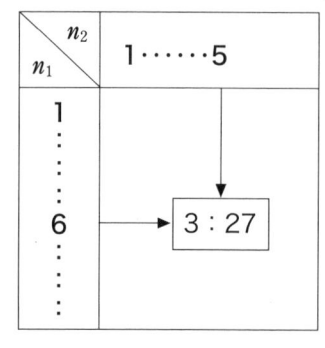

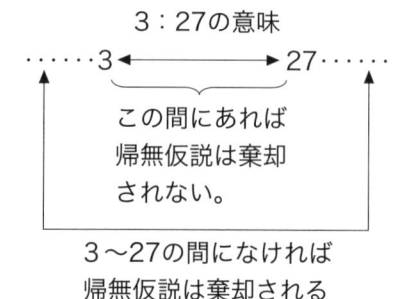

	n_2 1……5
n_1 1 ⋮ 6 ⋮	3：27

3：27の意味

……3 ←→ 27……

この間にあれば帰無仮説は棄却されない。

3～27の間になければ帰無仮説は棄却される

U の臨界値(1) (5%)

n_1\n_2	2	3	4	5	6	7	8	9	10	12	15	20
2							0:16	0:18	0:20	1:23	1:29	2:38
3				0:15	1:17	1:20	2:22	2:25	3:27	4:32	5:40	8:52
4			0:16	1:19	2:22	3:25	4:28	4:32	5:35	7:41	10:50	14:66
5		0:15	1:19	2:23	3:27	5:30	6:34	7:38	8:42	11:49	14:61	20:80
6		1:17	2:22	3:27	5:31	6:36	8:40	10:44	11:49	14:58	19:71	27:93
7		1:20	3:25	5:30	6:36	8:41	10:46	12:51	14:56	18:66	24:81	34:106
8	0:16	2:22	4:28	6:34	8:40	10:46	13:51	15:57	17:63	22:74	29:91	41:119
9	0:18	2:25	4:32	7:38	10:44	12:51	15:57	17:64	20:70	26:82	34:101	48:132
10	0:20	3:27	5:35	8:42	11:49	14:56	17:63	20:70	23:77	29:91	39:111	55:145
11	0:22	3:30	6:38	9:46	13:53	16:61	19:69	23:76	26:84	33:99	44:121	62:158
12	1:23	4:32	7:41	11:49	14:58	18:66	22:74	26:82	29:91	37:107	49:131	69:171
13	1:25	4:35	8:44	12:53	16:62	20:71	24:80	28:89	33:97	41:115	54:141	76:184
14	1:27	5:37	9:47	13:51	17:67	22:76	26:86	31:95	36:104	45:123	59:151	83:197
15	1:29	5:40	10:50	14:61	19:71	24:81	29:91	34:101	39:111	49:131	64:161	90:210
16	1:31	6:42	11:53	15:65	21:75	26:86	31:97	37:107	42:118	53:139	70:170	98:222
17	2:32	6:45	11:57	17:68	22:80	28:91	34:102	39:114	45:125	57:147	75:180	105:235
18	2:34	7:47	12:60	18:72	24:84	30:96	36:108	42:120	42:132	61:155	80:190	112:248
19	2:36	7:50	13:63	19:76	25:89	32:101	38:114	45:126	52:138	65:163	85:200	119:261
20	2:38	8:52	14:66	20:80	27:93	34:106	41:119	48:132	55:145	69:171	90:210	127:273

U の臨界値（2）(10%)

n_1 \ n_2	3	4	5	6	7	8	9	10	12	15	20
2			0:10	0:12	0:14	1:15	1:17	1:19	2:22	3:27	4:36
3	0:9	0:12	1:14	2:16	2:19	3:21	4:23	4:26	5:31	7:38	11:49
4		1:15	2:18	3:21	4:24	5:27	6:30	7:33	9:39	12:48	18:62
5			4:21	5:25	6:29	8:32	9:36	11:39	13:47	18:57	25:75
6				7:29	8:34	10:38	12:42	14:46	17:55	23:67	32:88
7					11:38	13:43	15:48	17:53	21:63	28:77	39:101
8						15:49	18:54	20:60	26:70	33:87	47:113
9							21:60	24:66	30:78	39:96	54:126
10								27:73	34:86	44:106	62:138
11									38:94	50:115	69:151
12									42:102	55:125	77:163
13										61:134	84:176
14										66:144	92:188
15										72:153	100:200
16											107:213
17											115:225
18											123:237
19											130:250
20											138:262

本資料の数値は、統計数値表編集委員会編『簡約統計数値表』（日本規格協会発行1977年）を使用させていただきました。

資料4…Fの臨界値

F分布表の使い方

　例えば、有意水準5％で$n_1=6$、$n_2=7$の臨界値を求めてみましょう。行であるn_1の6と列である$n_2=7$の交差した値を読みとって、3.87となります。この3.87が意味するのは、F検定統計量≥ 3.87のとき、帰無仮説は棄却されるということです。

表の見方

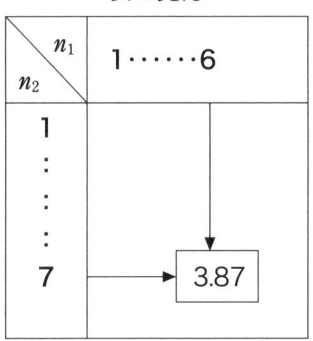

n_1 \ n_2	1 …… 6
1 : : : 7	→ 3.87

F分布の臨界値（1） 1%

df_2 \ df_1	1	2	3	4	5	6	7	8	9	10	12	15	20	24	30	40	∞
1	4052.18	4999.50	5403.35	5674.58	5763.65	5858.90	5928.36	5981.07	6022.47	6056.85	6106.32	6157.29	6208.73	6234.63	6260.65	6286.18	6365.86
2	98.50	99.00	99.17	99.25	99.30	99.33	99.36	99.37	99.39	99.40	99.42	99.43	99.45	99.46	99.47	99.47	99.50
3	34.12	30.82	29.46	28.71	28.24	27.91	27.67	27.49	27.35	27.23	27.05	26.87	26.69	26.60	26.51	26.41	26.13
4	21.20	18.00	16.69	15.98	15.52	15.21	14.98	14.80	14.66	14.55	14.37	14.20	14.02	13.93	13.84	13.75	13.46
5	16.26	13.27	12.06	11.39	10.97	10.67	10.46	10.29	10.16	10.05	9.89	9.72	9.55	9.47	9.38	9.29	9.02
6	13.75	10.93	9.78	9.15	8.75	8.47	8.26	8.10	7.98	7.87	7.72	7.56	7.40	7.31	7.23	7.14	6.88
7	12.25	9.55	8.45	7.85	7.46	7.19	6.99	6.84	6.72	6.62	6.47	6.31	6.16	6.07	5.99	5.91	5.65
8	11.26	8.65	7.59	7.01	6.63	6.37	6.18	6.03	5.91	5.81	5.67	5.52	5.36	5.28	5.20	5.12	4.86
9	10.56	8.02	6.99	6.42	6.06	5.80	5.61	5.47	5.35	5.26	5.11	4.96	4.81	4.73	4.65	4.57	4.31
10	10.04	7.56	6.55	5.99	5.64	5.39	5.20	5.06	4.94	4.85	4.71	4.56	4.41	4.33	4.25	4.17	3.91
11	9.65	7.21	6.22	5.67	5.32	5.07	4.89	4.74	4.63	4.54	4.40	4.25	4.10	4.02	3.94	3.86	3.60
12	9.33	6.93	5.95	5.41	5.06	4.82	4.64	4.50	4.39	4.30	4.16	4.01	3.86	3.78	3.70	3.62	3.36
13	9.07	6.70	5.74	5.21	4.86	4.62	4.44	4.30	4.19	4.10	3.96	3.82	3.67	3.59	3.51	3.43	3.17
14	8.86	6.52	5.56	5.04	4.70	4.46	4.28	4.14	4.03	3.94	3.80	3.66	3.51	3.43	3.35	3.27	3.00
15	8.68	6.36	5.42	4.89	4.56	4.32	4.14	4.00	3.90	3.81	3.67	3.52	3.37	3.29	3.21	3.13	2.87
16	8.53	6.23	5.29	4.77	4.44	4.20	4.03	3.89	3.78	3.69	3.55	3.41	3.26	3.18	3.10	3.02	2.75
17	8.40	6.11	5.19	4.67	4.34	4.10	3.93	3.79	3.68	3.59	3.46	3.31	3.16	3.08	3.00	2.92	2.65
18	8.29	6.01	5.09	4.58	4.25	4.02	3.84	3.71	3.60	3.51	3.37	3.23	3.08	3.00	2.92	2.84	2.57
19	8.19	5.93	5.01	4.50	4.17	3.94	3.77	3.63	3.52	3.43	3.30	3.15	3.00	2.93	2.84	2.76	2.49
20	8.10	5.85	4.94	4.43	4.10	3.87	3.70	3.56	3.46	3.37	3.23	3.09	2.94	2.86	2.78	2.70	2.42
21	8.02	5.78	4.87	4.37	4.04	3.81	3.64	3.51	3.40	3.31	3.17	3.03	2.88	2.80	2.72	2.64	2.36
22	7.95	5.72	4.82	4.31	3.99	3.76	3.59	3.45	3.35	3.26	3.12	2.98	2.83	2.75	2.67	2.58	2.31
23	7.88	5.66	4.77	4.26	3.94	3.71	3.54	3.41	3.30	3.21	3.07	2.93	2.78	2.70	2.62	2.54	2.26
24	7.82	5.61	4.72	4.22	3.90	3.67	3.50	3.36	3.26	3.17	3.03	2.89	2.74	2.66	2.58	2.49	2.21
25	7.77	5.57	4.68	4.18	3.86	3.63	3.46	3.32	3.22	3.13	2.99	2.85	2.70	2.62	2.54	2.45	2.17
30	7.56	5.39	4.51	4.02	3.70	3.47	3.30	3.17	3.07	2.98	2.84	2.70	2.55	2.47	2.39	2.30	2.01
40	7.31	5.18	4.31	3.83	3.51	3.29	3.12	2.99	2.89	2.80	2.67	2.52	2.37	2.29	2.20	2.11	1.81
50	7.17	5.06	4.20	3.72	3.41	3.19	3.02	2.89	2.79	2.70	2.56	2.42	2.27	2.18	2.10	2.01	1.68
120	6.85	4.79	3.95	3.48	3.17	2.96	2.79	2.66	2.56	2.47	2.34	2.19	2.04	1.95	1.86	1.76	1.38
∞	6.64	4.61	3.78	3.32	3.02	2.80	2.64	2.51	2.41	2.32	2.19	2.04	1.88	1.79	1.70	1.59	1.00

F 分布の臨界値 (2) 5%

df_2 \ df_1	1	2	3	4	5	6	7	8	9	10	12	15	20	24	30	40	∞
1	161.45	199.50	215.70	224.58	230.16	233.99	236.77	238.88	240.54	241.88	243.90	245.95	248.01	249.05	250.10	251.14	254.31
2	18.51	19.00	19.16	19.25	19.30	19.33	19.35	19.37	19.39	19.40	19.41	19.43	19.45	19.45	19.46	19.47	19.50
3	10.13	9.55	9.28	9.12	9.01	8.94	8.89	8.85	8.81	8.79	8.75	8.70	8.66	8.64	8.62	8.59	8.53
4	7.71	6.94	6.59	6.39	6.26	6.16	6.09	6.04	6.00	5.96	5.91	5.86	5.80	5.77	5.75	5.72	5.63
5	6.61	5.79	5.41	5.19	5.05	4.95	4.88	4.82	4.77	4.74	4.68	4.62	4.56	4.53	4.50	4.46	4.36
6	5.99	5.14	4.76	4.53	4.39	4.28	4.21	4.15	4.10	4.06	4.00	3.94	3.87	3.84	3.81	3.77	3.67
7	5.59	4.74	4.35	4.12	3.97	3.87	3.79	3.73	3.68	3.64	3.58	3.51	3.45	3.41	3.38	3.34	3.23
8	5.32	4.46	4.07	3.84	3.69	3.58	3.50	3.44	3.39	3.35	3.29	3.22	3.15	3.12	3.08	3.04	2.93
9	5.12	4.26	3.86	3.63	3.48	3.37	3.29	3.23	3.18	3.14	3.07	3.01	2.94	2.90	2.86	2.83	2.71
10	4.97	4.10	3.71	3.48	3.33	3.22	3.16	3.07	3.02	2.98	2.91	2.85	2.77	2.74	2.70	2.66	2.54
11	4.84	3.98	3.59	3.36	3.20	3.10	3.01	2.95	2.90	2.85	2.79	2.72	2.65	2.61	2.57	2.53	2.40
12	4.75	3.89	3.49	3.23	3.11	3.00	2.91	2.85	2.80	2.75	2.69	2.62	2.54	2.51	2.47	2.43	2.30
13	4.67	3.81	3.41	3.18	3.03	2.92	2.83	2.77	2.71	2.67	2.60	2.53	2.50	2.42	2.38	2.34	2.21
14	4.60	3.74	3.34	3.11	2.96	2.85	2.75	2.70	2.65	2.60	2.53	2.46	2.39	2.35	2.31	2.27	2.13
15	4.54	3.68	3.29	3.06	2.90	2.79	2.71	2.64	2.59	2.54	2.48	2.40	2.33	2.29	2.25	2.20	2.07
16	4.49	3.63	3.24	3.01	2.85	2.74	2.66	2.59	2.54	2.49	2.43	2.35	2.28	2.24	2.19	2.15	2.01
17	4.46	3.59	3.20	2.97	2.81	2.70	2.61	2.59	2.49	2.45	2.38	2.31	2.23	2.19	2.15	2.10	1.96
18	4.41	3.56	3.16	2.93	2.77	2.66	2.58	2.51	2.46	2.41	2.34	2.27	2.19	2.15	2.11	2.06	1.92
19	4.38	3.52	3.13	2.90	2.74	2.63	2.54	2.48	2.42	2.38	2.31	2.23	2.16	2.11	2.07	2.03	1.88
20	4.35	3.49	3.10	2.87	2.71	2.60	2.51	2.45	2.39	2.35	2.28	2.20	2.12	2.08	2.04	1.99	1.84
21	4.33	3.47	3.07	2.84	2.69	2.57	2.49	2.42	2.37	2.32	2.25	2.18	2.10	2.05	2.01	1.97	1.81
22	4.30	3.44	3.05	2.82	2.66	2.55	2.46	2.40	2.34	2.30	2.23	2.15	2.07	2.03	1.98	1.94	1.78
23	4.28	3.42	3.03	2.80	2.64	2.53	2.44	2.38	2.32	2.28	2.20	2.13	2.05	2.01	1.96	1.91	1.76
24	4.26	3.40	3.01	2.78	2.62	2.51	2.42	2.36	2.30	2.26	2.18	2.11	2.03	1.98	1.94	1.89	1.73
25	4.24	3.39	2.99	2.76	2.60	2.49	2.41	2.34	2.28	2.24	2.17	2.09	2.01	1.96	1.92	1.87	1.71
30	4.17	3.32	2.92	2.69	2.53	2.42	2.33	2.23	2.21	2.16	2.09	2.02	1.93	1.89	1.84	1.79	1.62
40	4.09	3.23	2.84	2.61	2.45	2.34	2.25	2.18	2.12	2.08	2.00	1.92	1.84	1.79	1.74	1.69	1.51
50	4.03	3.18	2.79	2.56	2.40	2.29	2.20	2.13	2.07	2.03	1.95	1.87	1.78	1.74	1.69	1.63	1.44
120	3.92	3.07	2.68	2.45	2.29	2.18	2.09	2.02	1.96	1.91	1.83	1.75	1.66	1.61	1.55	1.50	1.25
∞	3.84	3.00	2.61	2.37	2.21	2.10	2.01	1.94	1.88	1.83	1.75	1.67	1.57	1.52	1.46	1.39	1.00

本資料の数値は、統計数値表編集委員会編『簡約統計数値表』(日本規格協会発行　1977年)を使用させていただきました。

資料5… χ^2 の臨界値（片側）

χ^2 分布表の使い方

　例えば自由度6で有意水準5％の臨界値を求めてみましょう。列の自由度6と行の有意水準0.05の交差した値を読みとって、12.59となります。この12.59が意味するのは、検定統計量$\geq$12.59のとき、帰無仮説が棄却されるということです。

表の見方

有意水準 自由度	10%	5%	1%
1 : : : 6		12.59	

χ^2 の臨界値（片側）

df \ 有意水準	10%	5%	1%
1	2.71	3.84	6.63
2	4.61	5.99	9.21
3	6.25	7.81	11.34
4	7.78	9.49	13.28
5	9.24	11.07	15.09
6	10.64	12.59	16.81
7	12.02	14.07	18.48
8	13.36	15.51	20.09
9	14.68	16.92	21.67
10	15.99	18.31	23.21
11	17.28	19.68	24.73
12	18.55	21.03	26.22
13	19.81	22.36	27.69
14	21.06	23.68	29.14
15	22.31	25.00	30.58
16	23.54	26.30	32.00
17	24.77	27.59	33.41
18	25.99	28.87	34.81
19	27.20	30.14	36.19
20	28.41	31.41	37.57
21	29.62	32.67	38.93
22	30.81	33.92	40.29
23	32.01	35.17	41.64
24	33.19	36.42	42.98
25	34.38	37.65	44.31
30	40.26	43.77	50.89
40	51.81	55.76	63.69
50	63.17	67.50	76.15
120	140.23	146.57	158.95

本資料の数値は、統計数値表編集委員会編『簡約統計数値表』（日本規格協会発行 1977年）を使用させていただきました。

資料6…ポアソン分布の上側確率

ポアソン分布表の使い方

表の見方

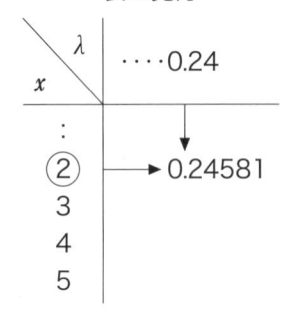

	λ	・・・・0.24
x		
:		↓
②	→	0.24581
3		
4		
5		

$Q(x：l)$ より、まず（2：0.24）

x の2をとり l の0.24のところとクロスするところの数値を読みとる。

ポアソン分布の上側確率

x \ λ	.005	.010	.015	.020	.025	.030	.035	.040	.045	.050
1	.004988	.009750	.014888	.019801	.024690	.029554	.034396	.039211	.044003	.048771
2	.000012	.000050	.000111	.000197	.000307	.000441	.000598	.000779	.000983	.001209
3	.000000	.000000	.000001	.000001	.000003	.000004	.000007	.000010	.000015	.000020
4	.000000	.000000	.000000	.000000	.000000	.000000	.000000	.000000	.000000	.000000

x \ λ	.055	.060	.065	.070	.075	.080	.085	.090	.095	.100
1	.053515	.058235	.062933	.067606	.072257	.076884	.081488	.086069	.090627	.095163
2	.001458	.001730	.002023	.002339	.002676	.003034	.003414	.003816	.004237	.004679
3	.000027	.000034	.000044	.000054	.000066	.000080	.000096	.000114	.000133	.000155
4	.000000	.000001	.000001	.000001	.000001	.000002	.000002	.000003	.000003	.000004
5	.000000	.000000	.000000	.000000	.000000	.000000	.000000	.000000	.000000	.000000

x \ λ	.105	.110	.115	.120	.125	.130	.135	.140	.145	.150
1	.099675	.104166	.108634	.113080	.117503	.121905	.126284	.130642	.134978	.139292
2	.005141	.005624	.006127	.006649	.007191	.007752	.008332	.008932	.009549	.010186
3	.000178	.000204	.000233	.000263	.000296	.000332	.000371	.000412	.000456	.000503
4	.000006	.000006	.000007	.000008	.000009	.000011	.000012	.000014	.000016	.000019
5	.000000	.000000	.000000	.000000	.000000	.000000	.000000	.000000	.000000	.000001

x \ λ	.155	.160	.165	.170	.175	.180	.185	.190	.195	.200
1	.143585	.147856	.152106	.156335	.160543	.164730	.168896	.173041	.177165	.181269
2	.010840	.011513	.012204	.012912	.013638	.014381	.015141	.015919	.016713	.017523
3	.000553	.000606	.000662	.000721	.000784	.000850	.000919	.000992	.001068	.001148
4	.000021	.000024	.000027	.000030	.000034	.000038	.000042	.000047	.000052	.000057
5	.000001	.000001	.000001	.000001	.000001	.000001	.000002	.000002	.000002	.000002
6	.000000	.000000	.000000	.000000	.000000	.000000	.000000	.000000	.000000	.000000

x \ λ	.21	.22	.23	.24	.25	.26	.27	.28	.29	.30
1	.189416	.197481	.205466	.213372	.221199	.228948	.236621	.244216	.251736	.259182
2	.019193	.020927	.022724	.024581	.026499	.028475	.030508	.032597	.034740	.036936
3	.001320	.001506	.001708	.001927	.002161	.002413	.002683	.002970	.003276	.003599
4	.000069	.000082	.000097	.000114	.000133	.000155	.000179	.000205	.000234	.000266
5	.000003	.000004	.000004	.000005	.000007	.000008	.000010	.000011	.000013	.000016
6	.000000	.000000	.000000	.000000	.000000	.000000	.000000	.000001	.000001	.000001

x \ λ	.31	.32	.33	.34	.35	.36	.37	.38	.39	.40
1	.266663	.273851	.281076	.288230	.295312	.302324	.309266	.316139	.322943	.329680
2	.039183	.041483	.043831	.046228	.048671	.051160	.053694	.056271	.058891	.061552
3	.003942	.004304	.004686	.005087	.005509	.005951	.006413	.006896	.007401	.007926
4	.000301	.000339	.000380	.000425	.000473	.000526	.000582	.000642	.000707	.000776
5	.000018	.000021	.000025	.000029	.000033	.000037	.000043	.000048	.000054	.000061
6	.000001	.000001	.000001	.000002	.000002	.000002	.000003	.000003	.000004	.000004
7	.000000	.000000	.000000	.000000	.000000	.000000	.000000	.000000	.000000	.000000

x \ λ	.41	.42	.43	.44	.45	.46	.47	.48	.49	.50
1	.336360	.342953	.349491	.355964	.362372	.368716	.374998	.381217	.387374	.393469
2	.064253	.066994	.069772	.072588	.075439	.078326	.081247	.084201	.087187	.090204
3	.008473	.009042	.009632	.010245	.010879	.011536	.012215	.012917	.013641	.014388
4	.000850	.000929	.001012	.001101	.001196	.001295	.001400	.001511	.001628	.001752
5	.000069	.000077	.000086	.000095	.000106	.000117	.000129	.000143	.000157	.000172
6	.000005	.000005	.000006	.000007	.000008	.000009	.000010	.000011	.000013	.000014
7	.000000	.000000	.000000	.000000	.000001	.000001	.000001	.000001	.000001	.000001
8	.000000	.000000	.000000	.000000	.000000	.000000	.000000	.000000	.000000	.000000

x \ λ	.51	.52	.53	.54	.55	.56	.57	.58	.59	.60
1	.399504	.405479	.411395	.417252	.423050	.428791	.434475	.440102	.445673	.451188
2	.093252	.096329	.099434	.102568	.105728	.108914	.112125	.116361	.118620	.121901
3	.015157	.015950	.016765	.017603	.018464	.019348	.020255	.021186	.022139	.023115
4	.001881	.002017	.002160	.002309	.002466	.002629	.002800	.002979	.003164	.003358
5	.000188	.000206	.000225	.000245	.000266	.000289	.000313	.000338	.000366	.000394
6	.000016	.000018	.000020	.000022	.000024	.000027	.000029	.000032	.000035	.000039
7	.000001	.000001	.000001	.000002	.000002	.000002	.000002	.000003	.000003	.000003
8	.000000	.000000	.000000	.000000	.000000	.000000	.000000	.000000	.000000	.000000

x \ λ	.61	.62	.63	.64	.65	.66	.67	.68	.69	.70
1	.456649	.462056	.467408	.472708	.477954	.483149	.488291	.493383	.498424	.503415
2	.125205	.128530	.131875	.135240	.138624	.142027	.145447	.148883	.152336	.155805
3	.024115	.025137	.026183	.027251	.028342	.029457	.030594	.031754	.032936	.034142
4	.003560	.003769	.003987	.004213	.004448	.004691	.004943	.005204	.005474	.005763
5	.000425	.000457	.000491	.000527	.000565	.000605	.000647	.000691	.000737	.000786
6	.000043	.000047	.000051	.000055	.000060	.000065	.000071	.000077	.000083	.000090
7	.000004	.000004	.000005	.000005	.000006	.000006	.000007	.000007	.000008	.000009
8	.000000	.000000	.000000	.000000	.000000	.000000	.000001	.000001	.000001	.000001

x \ λ	.71	.72	.73	.74	.75	.76	.77	.78	.79	.80
1	.508356	.513248	.518091	.522866	.527633	.532334	.536987	.541594	.546155	.550671
2	.159288	.162786	.166297	.169822	.173359	.176907	.180467	.184037	.187618	.191208
3	.035370	.036620	.037893	.039188	.040505	.041845	.043207	.044590	.045996	.047423
4	.006042	.006340	.006648	.006965	.007292	.007629	.007977	.008334	.008702	.009080
5	.000836	.000890	.000945	.001004	.001065	.001128	.001195	.001264	.001396	.001411
6	.000097	.000105	.000113	.000121	.000131	.000140	.000150	.000161	.000172	.000184
7	.000010	.000011	.000012	.000013	.000014	.000015	.000016	.000018	.000019	.000021
8	.000001	.000001	.000001	.000001	.000001	.000001	.000002	.000002	.000002	.000002
9	.000000	.000000	.000000	.000000	.000000	.000000	.000000	.000000	.000000	.000000

x \ λ	.81	.82	.83	.84	.85	.86	.87	.88	.89	.90
1	.555142	.559568	.563951	.568289	.572585	.576838	.581048	.585217	.589344	.593430
2	.194807	.198414	.202030	.205653	.209282	.212917	.216561	.220208	.223861	.227518
3	.048871	.050341	.051833	.053345	.054879	.056433	.058008	.059604	.061220	.062857
4	.009469	.009868	.010278	.010699	.011131	.011574	.012028	.012494	.012970	.013459
5	.001490	.001571	.001656	.001743	.001835	.001929	.002028	.002129	.002235	.002344
6	.000197	.000210	.000224	.000239	.000254	.000270	.000287	.000305	.000324	.000343
7	.000022	.000024	.000026	.000028	.000030	.000033	.000035	.000038	.000040	.000043
8	.000002	.000002	.000003	.000003	.000003	.000003	.000004	.000004	.000004	.000005
9	.000000	.000000	.000000	.000000	.000000	.000000	.000000	.000000	.000000	.000000

x \ λ	.91	.92	.93	.94	.95	.96	.97	.98	.99	1.00
1	.597476	.601481	.605446	.609372	.613259	.617107	.620917	.624686	.628423	.632121
2	.231179	.234843	.238511	.242182	.245855	.249530	.253206	.256884	.260562	.264241
3	.064514	.066190	.067887	.069603	.071338	.073093	.074867	.076660	.078471	.080301
4	.013958	.014470	.014993	.015528	.016074	.016633	.017204	.017786	.018381	.018988
5	.002457	.002574	.002695	.002820	.002949	.003083	.003220	.003362	.003509	.003660
6	.000364	.000385	.000408	.000431	.000456	.000481	.000500	.000535	.000564	.000594
7	.000046	.000050	.000053	.000057	.000061	.000065	.000069	.000074	.000078	.000083
8	.000005	.000006	.000006	.000007	.000007	.000008	.000008	.000009	.000010	.000010
9	.000001	.000001	.000001	.000001	.000001	.000001	.000001	.000001	.000001	.000001
10	.000000	.000000	.000000	.000000	.000000	.000000	.000000	.000000	.000000	.000000

x \ λ	1.1	1.2	1.3	1.4	1.5	1.6	1.7	1.8	1.9	2.0
1	.667129	.698806	.727468	.753403	.776870	.798103	.817316	.834701	.850431	.864665
2	.300971	.337373	.373177	.408167	.442175	.475069	.506754	.537163	.566251	.593994
3	.099584	.120513	.142888	.166502	.191153	.216642	.242777	.269379	.296280	.323324
4	.025742	.033769	.043095	.053725	.065642	.078813	.093189	.108708	.125298	.142877
5	.005435	.007746	.010663	.014258	.018576	.023682	.029615	.036407	.044001	.052653
6	.000968	.001500	.002231	.003201	.004456	.006040	.007999	.010378	.013219	.016564
7	.000149	.000251	.000404	.000622	.000926	.001336	.001875	.002569	.003446	.004534
8	.000020	.000037	.000064	.000107	.000170	.000260	.000388	.000562	.000793	.001097
9	.000002	.000005	.000009	.000016	.000028	.000045	.000072	.000110	.000163	.000237
10	.000000	.000001	.000001	.000002	.000004	.000007	.000012	.000019	.000030	.000046
11	.000000	.000000	.000000	.000000	.000001	.000001	.000002	.000003	.000005	.000008
12	.000000	.000000	.000000	.000000	.000000	.000000	.000000	.000000	.000001	.000001
13	.000000	.000000	.000000	.000000	.000000	.000000	.000000	.000000	.000000	.000000

x \ λ	2.1	2.2	2.3	2.4	2.5	2.6	2.7	2.8	2.9	3.0
1	.877544	.889197	.899741	.909282	.917915	.925726	.932794	.939190	.944977	.950213
2	.620385	.645430	.669146	.691559	.712703	.732615	.751340	.768922	.785409	.800652
3	.350369	.377286	.403961	.430291	.456187	.481570	.506376	.530546	.554037	.576810
4	.161357	.180648	.200653	.221277	.242424	.263998	.285908	.308063	.330377	.352768
5	.062126	.072496	.083751	.096869	.108822	.122577	.137092	.152324	.168223	.184737
6	.020449	.024910	.029976	.035673	.042021	.049037	.056732	.065110	.074174	.083918
7	.005862	.007461	.007362	.011594	.014187	.017170	.020569	.024411	.020717	.033509
8	.001486	.001978	.002589	.003339	.004247	.005334	.006621	.008131	.009885	.011905
9	.000337	.000470	.000642	.000862	.001140	.001487	.001914	.002433	.003058	.003803
10	.000069	.000101	.000144	.000202	.000277	.000376	.000501	.000660	.000858	.001102
11	.000013	.000020	.000029	.000043	.000062	.000087	.000120	.000164	.000220	.000292
12	.000002	.000004	.000006	.000008	.000013	.000018	.000026	.000037	.000052	.000071
13	.000000	.000001	.000001	.000002	.000002	.000004	.000005	.000008	.000011	.000016
14	.000000	.000000	.000000	.000000	.000000	.000001	.000001	.000002	.000002	.000003
15	.000000	.000000	.000000	.000000	.000000	.000000	.000000	.000000	.000000	.000001

x \ λ	3.1	3.2	3.3	3.4	3.5	3.6	3.7	3.8	3.9	4.0
1	.954751	.959938	.963117	.966627	.969803	.972676	.975276	.977629	.979758	.981684
2	.815298	.828799	.841402	.853158	.864112	.874311	.883799	.892620	.900815	.908422
3	.598837	.620096	.640574	.660260	.679153	.697258	.714567	.731103	.746875	.761897
4	.375160	.397480	.419662	.441643	.463367	.484784	.505847	.526515	.546753	.566530
5	.201811	.219387	.237410	.255818	.274555	.293562	.312781	.332156	.351635	.371163
6	.094334	.105408	.117123	.129458	.142386	.155881	.169912	.184444	.199442	.214870
7	.038804	.044619	.050966	.057853	.065288	.073273	.081809	.090892	.100517	.110674
8	.014213	.016830	.019777	.023074	.026739	.030789	.035241	.040107	.045402	.051134
9	.004683	.005714	.006912	.008293	.009874	.011671	.013703	.015984	.018533	.021363
10	.001401	.001762	.002195	.002709	.003315	.004024	.004848	.005799	.006890	.008132
11	.000383	.000497	.000638	.000810	.001019	.001271	.001572	.001929	.002349	.002840
12	.000097	.000129	.000171	.000223	.000289	.000370	.000470	.000592	.000739	.000915
13	.000023	.000031	.000042	.000057	.000076	.000100	.000130	.000168	.000216	.000274
14	.000005	.000007	.000010	.000014	.000019	.000025	.000034	.000045	.000059	.000076
15	.000001	.000001	.000002	.000003	.000004	.000006	.000008	.000011	.000015	.000020
16	.000000	.000000	.000000	.000001	.000001	.000001	.000002	.000003	.000004	.000005
17	.000000	.000000	.000000	.000000	.000000	.000000	.000000	.000001	.000001	.000001
18	.000000	.000000	.000000	.000000	.000000	.000000	.000000	.000000	.000000	.000000

x \ λ	4.2	4.4	4.6	4.8	5.0	5.2	5.4	5.6	5.8	6.0
1	.985004	.987723	.989748	.991770	.993262	.994483	.995483	.996302	.996972	.997521
2	.922023	.933702	.943710	.952267	.959572	.965797	.971094	.975594	.979413	.982649
3	.709762	.814858	.837361	.857461	.875348	.891213	.905242	.917612	.978489	.930031
4	.604597	.640552	.674294	.705770	.734974	.761935	.786709	.809378	.830037	.848796
5	.410173	.448816	.486766	.523741	.559507	.593872	.626689	.657850	.687202	.714943
6	.246857	.280088	.314240	.348994	.384039	.419087	.453868	.488139	.521685	.554320
7	.132536	.156355	.181971	.209195	.237817	.267607	.298329	.329742	.361609	.393697
8	.063943	.078579	.095051	.113334	.133372	.155078	.178341	.203025	.228974	.256020
9	.027932	.035803	.045072	.055817	.068094	.081935	.097350	.114322	.132814	.152763
10	.011127	.014890	.019527	.025141	.031828	.039674	.040755	.059130	.070844	.083924
11	.004069	.005688	.007777	.010417	.013695	.017699	.022514	.028222	.034901	.042621
12	.001374	.002008	.002863	.003992	.005453	.007310	.009632	.012487	.015950	.020092
13	.000431	.000658	.000979	.001422	.002019	.002809	.003835	.005144	.006790	.008827
14	.000126	.000201	.000312	.000473	.000698	.001008	.001427	.001981	.002703	.003628
15	.000034	.000058	.000093	.000147	.000226	.000339	.000498	.000716	.001010	.001400
16	.000009	.000016	.000026	.000043	.000069	.000108	.000164	.000244	.000356	.000509
17	.000002	.000004	.000007	.000012	.000020	.000032	.000051	.000078	.000118	.000175
18	.000000	.000001	.000002	.000003	.000005	.000009	.000015	.000024	.000037	.000057
19	.000000	.000000	.000000	.000001	.000001	.000002	.000004	.000007	.000011	.000018
20	.000000	.000000	.000000	.000000	.000000	.000001	.000001	.000002	.000003	.000005
21	.000000	.000000	.000000	.000000	.000000	.000000	.000000	.000000	.000001	.000001
22	.000000	.000000	.000000	.000000	.000000	.000000	.000000	.000000	.000000	.000000

x \ λ	6.2	6.4	6.6	6.8	7.0	7.2	7.4	7.6	7.8	8.0
1	.997971	.998338	.998640	.998886	.999088	.999253	.999387	.999500	.999590	.999665
2	.985388	.987704	.989661	.991313	.992706	.993878	.994865	.995696	.996394	.996981
3	.946382	.953676	.960032	.965562	.970364	.974526	.978127	.981243	.983930	.986246
4	.865771	.881081	.874849	.907194	.918235	.928083	.936847	.944629	.951523	.957620
5	.740823	.764930	.787296	.807969	.827008	.844484	.860475	.875061	.888330	.900368
6	.585887	.616256	.645327	.673023	.699292	.724103	.747443	.769319	.789746	.808764
7	.425787	.457671	.489161	.520084	.550289	.579644	.608038	.635379	.661593	.686626
8	.283984	.312679	.341918	.371514	.401286	.431059	.460667	.489958	.518791	.547039
9	.174086	.196685	.220443	.245230	.270909	.297332	.324349	.351808	.379559	.407453
10	.098379	.114201	.131361	.147816	.167504	.190350	.212265	.235149	.258891	.283376
11	.051441	.061411	.072567	.084934	.098521	.113323	.129323	.146487	.164770	.184114
12	.024985	.030697	.037291	.044825	.053350	.062906	.073526	.085230	.098030	.111924
13	.011316	.014316	.017889	.022097	.027000	.032655	.039117	.046434	.054649	.063797
14	.004797	.006251	.008038	.010208	.012811	.015901	.019531	.023753	.028620	.034181
15	.001910	.002565	.003395	.004434	.005717	.007285	.009178	.011441	.014118	.017257
16	.000716	.000992	.001352	.001816	.002407	.003149	.004071	.005202	.006577	.008231
17	.000254	.000362	.000509	.000703	.000958	.001288	.001709	.002237	.002901	.003718
18	.000085	.000126	.000182	.000258	.000362	.000500	.000680	.000915	.001215	.001594
19	.000027	.000041	.000062	.000090	.000130	.000184	.000258	.000355	.000484	.000650
20	.000008	.000013	.000020	.000030	.000044	.000065	.000093	.000132	.000184	.000253
21	.000002	.000004	.000006	.000010	.000014	.000022	.000032	.000046	.000067	.000094
22	.000001	.000001	.000002	.000003	.000005	.000007	.000011	.000016	.000023	.000033
23	.000000	.000000	.000001	.000001	.000001	.000002	.000003	.000005	.000008	.000011
24	.000000	.000000	.000000	.000000	.000000	.000001	.000001	.000002	.000002	.000004
25	.000000	.000000	.000000	.000000	.000000	.000000	.000000	.000000	.000001	.000001
26	.000000	.000000	.000000	.000000	.000000	.000000	.000000	.000000	.000000	.000000

x \ λ	8.2	8.4	8.6	8.8	9.0	9.2	9.4	9.6	9.8	10.0
1	.999725	.999775	.999816	.999849	.999877	.999899	.999917	.999932	.999945	.999955
2	.997473	.997886	.998233	.998523	.998766	.998969	.999140	.999282	.999401	.999501
3	.988239	.989953	.991424	.992686	.993768	.994693	.995485	.996161	.996738	.997231
4	.963000	.967740	.971907	.975566	.978774	.981680	.984033	.986174	.988040	.989664
5	.911260	.921092	.929946	.937902	.945036	.951420	.957122	.962205	.966729	.970747
6	.826406	.842723	.857772	.871613	.884309	.895926	.906529	.916185	.924959	.932914
7	.710438	.733007	.754324	.774390	.793219	.810835	.827267	.842553	.856735	.869859
8	.574591	.601348	.627229	.652166	.676103	.699000	.720829	.741572	.761221	.779779
9	.435347	.463106	.490603	.517719	.544347	.570391	.595765	.620394	.644217	.667180
10	.308481	.334080	.360047	.386260	.412592	.438924	.465142	.491138	.516812	.542070
11	.204450	.225699	.247772	.270577	.294012	.317974	.342356	.367052	.391955	.416960
12	.126900	.142934	.159992	.178030	.196992	.216815	.237430	.258759	.280719	.303224
13	.073907	.084999	.097084	.110162	.124227	.139261	.155238	.172124	.189879	.208444
14	.040481	.047564	.055467	.064221	.073851	.084367	.095807	.108148	.121395	.135536
15	.020903	.025103	.029902	.035343	.041466	.048309	.055903	.064279	.073458	.083458
16	.010201	.012525	.015245	.018402	.022036	.026188	.030897	.036202	.042139	.048740
17	.004715	.005922	.007367	.009084	.011106	.013468	.016206	.019357	.022956	.027047
18	.002070	.002659	.003382	.004261	.005320	.006584	.008083	.009844	.011898	.014278
19	.000864	.001136	.001470	.001903	.002426	.003066	.003840	.004770	.005877	.007181
20	.000344	.000463	.000616	.000811	.001056	.001362	.001742	.002207	.002772	.003454
21	.000131	.000180	.000245	.000330	.000439	.000579	.000755	.000976	.001250	.001588
22	.000048	.000067	.000074	.000129	.000175	.000235	.000314	.000414	.000540	.000700
23	.000017	.000024	.000034	.000048	.000067	.000092	.000125	.000168	.000224	.000296
24	.000006	.000008	.000012	.000017	.000025	.000034	.000048	.000066	.000089	.000120
25	.000007	.000003	.000004	.000006	.000009	.000012	.000018	.000025	.000034	.000047
26	.000001	.000001	.000001	.000002	.000003	.000004	.000006	.000009	.000013	.000018
27	.000000	.000000	.000000	.000001	.000001	.000001	.000002	.000003	.000004	.000006
28	.000000	.000000	.000000	.000000	.000000	.000000	.000001	.000001	.000002	.000002
29	.000000	.000000	.000000	.000000	.000000	.000000	.000000	.000000	.000001	.000001

参考文献

統計数値表編集委員会編『簡約統計数値表』日本規格協会（1977年2月発行）
池田央編『統計ガイドブック』新曜社（1989年7月発行）
石村貞夫著『すぐわかる統計解析』東京図書（1993年2月発行）
市川伸一編『心理測定法への招待』サイエンス社（1991年2月発行）
内田照彦・増田公男編著『要説　発達・学習・教育臨床の心理学』北大路書房（2000年11月発行）
依田浩著『生活の統計学』光生館（1982年9月発行）
遠藤健治著『例題からわかる心理統計学』培風館（2002年4月発行）
東洋・大山正編『心理学の基礎知識』有斐閣ブックス（1970年12月発行）
東洋・大山正編『心理用語の基礎知識』有斐閣ブックス（1978年2月発行）
菅民郎・檜山みぎわ著『やさしい統計学の本　まなぶ』現代数学社（1995年1月発行）
下山晴彦編『よくわかる臨床心理学』ミネルヴァ書房（2003年4月発行）
繁桝算男・柳井晴夫・森敏昭編著『Q＆Aで知る統計データ解析―DOs and DON'Ts―（心理学セミナーテキストライブラリ）』サイエンス社（1999年6月発行）
外林・辻・島津・能見編『誠信心理学辞典』誠信書房（1981年9月発行）
中島・安藤・子安・坂野他編『心理学辞典』有斐閣（1999年1月発行）
服部環・海保博之『Q＆A　心理データ解析』福村出版（1996年2月発行）
P.G.ホーエル著／浅井晃・村上正康翻訳『入門数理統計学』培風館（1978年1月発行）
堀洋道監修／山本眞理子編『心理測定尺度集Ⅰ』サイエンス社（2003年9月発行）
前野昌弘・三國彰著『図解でわかる統計解析』日本実業出版社（2002年2月発行）
蓑谷千鳳彦著『統計学のはなし』東京図書（1997年9月）
村田光二・山田一成編著『社会心理学研究の技法』福村出版（2003年6月

発行)

山上暁・倉智佐一編著『新版要説心理統計法』北大路書房（2003年3月発行）

山口和範著『よくわかる統計解析の基本と仕組み』秀和システム（2004年12月発行）

山田剛史・村井潤一郎著『よくわかる心理統計』ミネルヴァ書房（2005年4月発行）

吉田寿夫著『本当にわかりやすいすごく大切なことが書いてあるごく初歩の統計の本』北大路書房（1998年11月発行）

渡部洋編『心理検査法入門』福村出版（1993年10月発行）

渡部洋編著『心理統計の技法』福村出版（2002年5月発行）

野林靖夫監修『これで書ける！研究計画書攻略法』オクムラ書店（2002年10月発行）

大学院入試問題分析チーム編集『臨床心理士・指定大学院合格のための心理学問題集』オクムラ書店（2003年12月発行）

監修者プロフィール
野林靖夫（のばやしやすお）
（進研アカデミーグラデュエート大学部主宰）
岡山県生まれ
明治大学大学院政治経済学研究科修了
昭和53年　進研アカデミー設立
転部・編入指導歴28年　大学院指導歴25年
受験生の個性を個別に捕えたオーダーメイドの指導法を確立
専門30科目を巧みに操り受講生のニーズに応えている。
著書に『大学編入・社会人入試　これが出る！　問題集』『これで書ける！　研究計画書攻略法』『大学編入・社会人入試　これだけ！　小論文』（ともにオクムラ書店）がある。
〒214-0014　神奈川県川崎市多摩区登戸2,777の2　N100ビル2F
小田急線向ケ丘遊園駅下車、南口ダイエー前
URL　http://www5a.biglobe.ne.jp/~shinken/hptop.htm
☎044-933-8787
協力
三石洋平（東京農工大学大学院工学研究科修了）
宮崎貴司（東京工業大学大学院社会理工学研究科価値システム専攻修了）

すっごーく簡単！　0（ゼロ）からの心理統計

2005年10月29日　初版第1刷発行
2008年1月31日　初版第2刷発行

編　集	進研アカデミーグラデュエート大学部
監　修	野　林　靖　夫
発行者	佐　藤　民　人

発行所　オクムラ書店

〒101-0061 東京都千代田区三崎町2-12-7
電　話　03-3263-9994
振　替　00180-5-149404

製版・印刷　㈱シナノ

臨床心理士を目指す人の新定番

臨床心理士・指定大学院合格のための
心理学キーワード辞典

- ●頻出する重要語句だけをピックアップ
- ●そのまま試験の解答にできる詳しい用語解説
- ●すべての語句には英語表記付
- ●過去問題・日本語索引・英語索引収録

大学院入試問題分析チーム編
定価2,940円（本体2,800円＋税5％）

臨床心理士・指定大学院合格のための
心理学問題集

- ●指定大学院頻出の問題を一挙掲載
- ●専門問題は分野別、語学問題は出題傾向別に収録
- ●解答・解説付

大学院入試問題分析チーム編
定価2,310円（本体2,200円＋税5％）

臨床心理士・指定大学院合格のための
心理学テキスト

- ●ひとりで学べる心理学の教科書
- ●基礎から受験に必要なレベルまでを収録
- ●心理学の歴史・理論の流れがわかる構成

大学院入試問題分析チーム編集
定価2,940円（本体2,800円＋税5％）

全国の大型書店で好評発売中

直送ご希望の方は現金書留または郵便振替（00180-5-149404）で消費税・送料（1冊380円／2冊540円）込の金額をご入金下さい。

オクムラ書店　〒101-0061　東京都千代田区三崎町2-12-7　TEL03-3263-9994